.... 님께

이 책은 의지, 상상력, 정열, 용기, 모험심을 이야기합니다
그리고 무엇보다 꿈의 소중함을 강조합니다
이 책이 나이는 숫자에 불과하다는 것을 알려줄 겁니다
힘들어도 절대 포기하지 마세요 그리고 잊지 마세요
인생에서 무엇을 하기에 너무 늦은 나이란 없습니다
당신의 꿈과 미래를 응원합니다

.... 드림

꿈을 이루기에
너무 늦은 나이란 없다

You can't be too old to make a dream come true

꿈을 이루기에 너무 늦은 나이란 없다

이형진 지음

황소북스

"무엇인가 큰일을 성취하려고 한다면
나이를 먹어도 청년이 되어야 한다."
-괴테

6세, 모차르트가 뮌헨으로 첫 번째 연주 여행을 떠났다.

21세, 스티브 잡스는 애플 컴퓨터를 창업했다.

35세, 짐 모리스가 메이저리그에 데뷔했다.

35세, 고갱은 증권중개인을 그만두고 화가가 되었다.

37세, 임창용은 일본을 떠나 메이저리그에 데뷔했다.

37세, 슈바이처는 의사 자격증을 따고 91세까지 인류에 봉사했다.

38세, 폴 포츠는 핸드폰 판매원에서 성악가로 데뷔했다.

44세, 샘 월튼은 월마트 1호점을 오픈했다.

45세, 조지 포먼은 권투 헤비급 챔피언 벨트를 되찾았다.

47세, 마쓰모토 세이초는 소설가로 데뷔해 1000편의 글을 남겼다.

48세, 킹 질레트는 면도기 회사인 질레트를 창업했다.

50세, 시드니 셸던은 소설가로 데뷔해 훗날 베스트셀러 작가가 되었다.

50세, 레오나르도 다빈치가 〈모나리자〉를 완성했다.

52세, 레이 크록이 맥도날드를 창업했다.

60세, 파스퇴르가 탄저균 백신을 개발했다.

> "꿈이란 당신이 잠에서 깨어나면 잊어버리는 그 무엇이 아니라 당신을 잠에서 깨우는 무엇이다."
>
> -찰리 해지스

64세, 임마누엘 칸트가 《실천이상비판》을 완성했다.

68세, 커널 샌더스가 1008번의 거절 끝에 KFC를 창업했다.

70세, 차사순은 960번째 도전 끝에 운전면허증을 땄다.

76세, 페르디낭 슈발은 33년 동안 혼자 지은 꿈의 궁전을 완성했다.

76세, 해리 리버먼은 처음 그림을 그리기 시작해 '미국의 샤갈'이 되었다.

76세, 김동호가 〈주리〉로 영화감독 데뷔를 했다.

78세, 벤저민 프랭클린이 이중초점 안경을 발명했다.

80세, 로마 정치가 카노가 원전을 읽기 위해 그리스어 공부를 시작했다.

83세, 괴테가 《파우스트》를 완성했다.

83세, 에디슨이 1093번째 특허를 신청했다.

84세, 윌리엄 스타이그가 〈슈렉〉을 완성했다.

89세, 미켈란젤로가 성 베드로 성당의 지붕 작업을 가쳤다.

89세, 도리스 해덕이 4800킬로미터를 걸어 미국을 횡단했다.

99세, 시바타 도요가 시인으로 등단해 《약해지지 마》를 발간했다.

102세, 파우자 싱이 세계 최고령 마라토너가 되었다.

You can't be too old to make a dream come true

"

이 책에 등장하는 사람들은 결코 멀리 있지 않습니다.
모두가 친구이자 스승이 되어 오늘 우리를 이끌어줍니다.
그들 삶의 고난 속으로, 그들 삶의 희망 속으로 말입니다.
여러분이 그 속에서 뭔가 건질 수 있기를,
그게 바로 여러분의 꿈이길 기원합니다.
그리고 그 꿈을 이루시길 바랍니다.
인생에서 무엇을 하기에
너무 늦은 나이란 없습니다.

"

저자의 글

사람은
나이를 먹어서 늙는 게 아니라
꿈을 잃을 때 비로소 늙는다

청춘이란 인생의 어떤 기간이 아니라 마음가짐이라네.
장밋빛 뺨, 붉은 입술, 유연한 무릎이 아니라
늠름한 의지, 빼어난 상상력, 불타는 정열,
삶의 깊은 데서 솟아나는 샘물의 신선함이라네.

청춘은 겁 없는 용기, 안이함을 뿌리치는 모험심이라네.
때론 스무 살 청년이 아닌 예순 살 노인에게서 청춘을 보듯
나이를 먹어서 늙는 것이 아니라 이상을 잃어서 늙는 것이라네.

미국의 시인 새뮤얼 울먼은 〈청춘〉이라는 시에서 이렇게 노래했습니다. "늠름한 의지", "빼어난 상상력", "불타는 정열", "겁 없는 용

기", "안이함을 뿌리치는 모험심." 시인이 청춘의 조건으로 꼽은 덕목입니다. 요컨대 이런 덕목을 갖춘다면 예순 살 노인도 청춘이라는 것입니다.

시인은 왜 구릿빛 피부, 탄탄한 복근, 우람한 어깨를 청춘의 덕목으로 꼽지 않았을까요? 그건 사람은 나이가 들면 피부가 늘어지고, 뱃살이 처지고, 어깨도 좁아지기 때문입니다. 그게 자연의 법칙입니다. 하지만 사람에겐 이런 자연의 법칙과 무관하게 언제든 꿋꿋하게 유지할 수 있는 것이 있습니다. 그게 바로 의지, 상상력, 정열, 용기, 모험심이라고 시인은 말합니다. 그리고 아주 소박하게 정곡을 찌릅니다. 사람은 나이를 먹어서 늙는 게 아니라 "이상", 즉 꿈을 잃어버릴 때 비로소 늙는다고 말입니다. 바꾸어 말하면 스무 살 청춘도 꿈을 잃으면 노인이나 다름없다는 얘깁니다.

이 책은 바로 이런 의지, 상상력, 정열, 용기, 모험심에 관한 책입니다. 꿈을 빨리 포기하는 젊은이들에게 던지는 격려의 메시지이자 꿈을 잃지 않고 도전하는 이들에 대한 찬사입니다.

인생에서 무엇을 하기에 너무 늦은 나이란 없다

이 책을 쓰면서 문득문득 떠오르는 게 있었습니다. 가난과 고독 속에서도 예술혼을 불사른 폴 고갱은 후회 없는 삶을 살았을까? 죽을 때까지 인류애를 실천한 슈바이처는 어땠을까? 강한 의지와 인내로 치열한 삶을 산 그들에게도 물론 후회는 있었겠지요.

그러나 이 책은 후회에 대해 이야기하는 책이 아닙니다. 앞에서도 언급했듯 의지, 상상력, 정열, 용기, 모험심에 관한 책입니다. 그리고 무엇보다 꿈의 소중함을 강조합니다. 평생에 걸쳐 한 가지 꿈에 매진한 사람, 좌절과 실패를 딛고 마침내 꿈을 이룬 사람에 대해 이야기합니다. 매서운 겨울의 시간들을 이겨내고 따스한 봄날을 맞이한 사람들에 대해 이야기합니다. 그들에게 나이는 숫자에 불과했습니다.

인도 출신의 가난한 이민자 파우자 싱은 아내와 자식을 잃은 슬픔을 이겨내고 102세에 세계 최고령 마라토너로 우뚝 섰습니다. 한적한 마을의 우편집배원 페르디낭 슈발은 33년에 걸쳐 쌓은 '꿈의 궁전'을 76세 때 완성했습니다.

62세에 동화작가로 변신한 윌리엄 스타이그는 84세 때 애니메이션 동화 〈슈렉〉을 썼습니다. 시바타 도요는 99세에 시인으로 등단해 《약해지지 마》라는 베스트셀러 시집을 냈습니다. 커널 샌더스가 1008번째 거절 끝에 KFC 1호점을 낸 것은 68세 때였습니다.

전설의 복서 조지 포먼은 45세 때 세계 챔피언 벨트를 되찾았습니다. 미국의 정치자금법 개혁을 이끌어낸 도리스 해덕이 미국 대륙을 횡단한 것은 89세 때였습니다. 레이 크록이 맥도날드를 창업한 것은 52세 때였습니다. 일본 추리소설의 대가 마쓰모토 세이초는 47세 때 작가로 등단해 죽기까지 1000여 편의 소설을 썼습니다.

야구선수 임창용이 메이저리그에 진출한 것은 37세 때였습니다. 시드니 셸던은 50세 때 소설가로 등단해 세계적 베스트셀러 작가가 되었습니다. 폴 고갱은 35세 때부터 직장을 버리고 그림에 전념하기 시작했습니다. 킹 질레트는 48세 때 면도기 회사 질레트를 창업했습니다. 루이 파스퇴르가 탄저병 백신을 개발한 것은 60세 때였습니다.

폴 포츠는 38세에 세계적 성악가로 성공했습니다. 스탠리 볼드윈은 43세에 정치에 입문해 영국 총리가 되었고 리버먼은 76세 때 그림을 그리기 시작해 '미국의 샤갈'이라는 찬사를 받았습니다.

유명한 악기 명장 스트라디바리는 94세까지 공방을 지켰습니다. 슈바이처는 91세까지 인류애를 실천하는 삶을 살았습니다. 찰스 케터링은 80세가 넘도록 발명에 전념했습니다. 찰리 채플린은 희극배우로서 86년 동안 꿈을 잃지 않았습니다.

내가 꿈을 이루면 나는 누군가의 꿈이 된다

성공적인 삶을 산 그들의 인생을 들여다보면 마냥 행복했던 것만은 아닙니다. 그들에게도 고통과 좌절, 고독과 슬픔, 실수와 실패가 있었습니다. 하지만 그들은 주저앉지 않고 도전했습니다. 자신의 꿈을 잃지 않았던 것입니다.

고난이 닥쳤을 때 그들의 의지는 더욱 굳건해졌습니다. 고난은 그들에게 또 다른 희망의 얼굴이었습니다. 그들은 단지 성공하거나 명성을 얻기 위해서 살지 않았습니다. 성공과 명성은 그들의 의지, 상상력, 정열, 용기, 모험심이 가져온 선물이었을 뿐입니다.

이제 그들이 우리에게 묻습니다.

당신은 아직 청춘이냐고 말입니다.

저는 10대와 20대인 여러분은 당연하고, 30대인 여러분도 아직 청춘이라고 대답했으면 좋겠습니다. 인생의 뜻을 확고히 세우는 이립

(而立)의 나이이니까 말입니다. 40대인 여러분도 아직 청춘이라고 대답했으면 좋겠습니다. 세상일에 미혹당하지 않고 자기 판단을 할 줄 아는 불혹(不惑)의 나이이니까요. 50대인 여러분도 아직 청춘이라고 대답했으면 좋겠습니다. 하늘의 뜻을 아는 지천명(知天命)의 나이이니까요. 60대인 여러분도 아직 청춘이라고 대답했으면 좋겠습니다. 세상 이치를 알고 순리대로 따르는 이순(耳順)의 나이이니까요. 70대인 여러분도 아직 청춘이라고 대답했으면 좋겠습니다. 자기 뜻대로 행해도 도(道)에서 어긋나지 않는 종심(從心)의 나이이니까요. 그리고 80대, 90대, 100대인 여러분도 아직 청춘이라고 대답했으면 좋겠습니다. 인생의 모든 희로애락을 헤쳐 나온 지혜로운 분들이니까요.

그래서 여러분 각자의 삶이 누군가에게 희망이 되었으면 좋겠습니다. 여러분의 성공이 누군가의 꿈이 되었으면 좋겠습니다.

이 책에 등장하는 사람들은 결코 멀리 있지 않습니다. 모두가 친구이자 스승이 되어 오늘 우리를 이끌어줍니다. 그들 삶의 고난 속으로, 그들 삶의 희망 속으로 말입니다. 여러분이 그 속에서 뭔가 건질 수 있기를, 그게 바로 여러분의 꿈이길 기원합니다. 그리고 그 꿈을 이루시길 바랍니다.

인생에서 무엇을 하기에 너무 늦은 나이란 없습니다.

2014년 겨울의 문턱에서
이형진

| 목차 |

저자의 글 사람은 나이를 먹어서 늙는 게 아니라 꿈을 잃을 때 비로소 늙는다

1부 모든 위대한 꿈의 처음은 불가능이었다

레이트 블루머 ① | 102세의 세계 최고령 마라토너 파우자 싱
도전은 인생의 새로운 의미를 찾게 해주는 선물이다 ············ **19**
+메시지: 성공의 비결은 결코 포기하지 않는 것

레이트 블루머 ② | 33년 동안 꿈의 궁전을 쌓은 집배원 페르디낭 슈발
인내는 결코 성공을 배반하지 않는다 ····························· **29**
+메시지: 인내란 포기하지 않고 기다리는 것이다

레이트 블루머 ③ | 62세에 동화작가가 된 〈슈렉〉의 윌리엄 스타이그
어른과 아이를 구분 짓는 건 나이가 아니라 마음이다 ·········· **37**
+메시지: 지식보다 중요한 것은 상상력이다

레이트 블루머 ④ | 99세에 시인으로 등단한 시바타 도요
누구에게나 아침은 반드시 찾아온다 ···························· **45**
+메시지: 하루를 인생의 마지막 날인 것처럼 살아라

레이트 블루머 ⑤ | 68세에 KFC를 창업한 커널 샌더스
자신의 생각을 주저하지 말고 행동으로 옮겨라················ **55**
+메시지: 목표를 뛰어넘는 비전을 품어라

2부 꿈은 자기 믿음을 먹고 자란다

레이트 블루머 ⑥ | 45세에 세계 챔피언 벨트를 되찾은 조지 포먼
인생의 링에서 쓰러졌을 땐 당당하게 일어서라 ················ **67**
+메시지: 자존심을 잃지 않는 삶이 행복하다

레이트 블루머 ⑦ | 89세에 미국을 횡단한 도리스 해덕
나이를 탓하며 주저앉기엔 남은 인생의 기회가 많다 ·········· **77**
+메시지: 무언가를 이루기에 늦은 나이란 없다

레이트 블루머 ⑧ | 94세까지 바이올린을 만든 명장 스트라디바리
장인의 진정한 정신은 말년에 드러나는 법이다 ················ **85**
+메시지: 가치 있는 사람이 되려고 힘써라

레이트 블루머 ⑨ | 52세에 맥도날드를 창업한 레이 크록
필요할 때가 되면 자신의 전부를 걸어야 한다 ················· **95**
+메시지: 실수와 실패는 기회의 또 다른 이름이다

3부 꿈을 찾기 위해서는 하나의 세계를 깨뜨려야 한다

레이트 블루머 ⑩ | 47세에 작가가 된 마쓰모토 세이초
조금 늦더라도 남들이 가지 않는 길을 가라 ······ ··········· **109**
+메시지: 인생은 한 권의 책과 같다

레이트 블루머 ⑪ | 40개의 직업을 전전한 자동차 판매왕 조 지라드
신뢰와 믿음이 없으면 꿈도 미래도 없다 ·················· **117**
+메시지: 약속은 신뢰와 믿음을 자라게 한다

레이트 블루머 ⑫ | 91세까지 인류에 봉사한 성자 알베르트 슈바이처
섬기는 법을 발견한 사람은 행복을 안고 산다 ············ **123**
+메시지: 인생은 B와 D 사이의 C이다

레이트 블루머 ⑬ | 37세에 메이저리그에 진출한 야구선수 임창용
인생은 속도가 아니라 방향이다 ··························· **133**
+메시지: 꿈의 여정에는 쉼표가 필요하다

4부 꿈을 이룬다는 것은 끊임없이 도전한다는 것이다

레이트 블루머 ⑭ | 80세가 넘도록 연구에 전념한 발명가 찰스 케터링
열린 마음이 있는 곳에 새로운 문이 열린다 ················ **141**
+메시지: 바다가 썩지 않는 것은 소금 때문이다

레이트 블루머 ⑮ | 50세에 데뷔해 국제적 소설가가 된 시드니 셸던
누구도 자기 자신을 대신할 수 없다 ······················· **151**
+메시지: 매일매일을 또 다른 나와 마주하라

레이트 블루머 ⑯ | 86년 동안 꿈을 잃지 않았던 희극배우 찰리 채플린
최고의 작품은 아직 완성되지 않았다 ······················ **161**
+메시지: 꿈은 과거완료형이 아닌 현재진행형이다

레이트 블루머 ⑰ | 35세에 그림에 전념하기 시작한 화가 폴 고갱
고통과 절망을 이기는 것은 열정이다 **169**
+메시지: 모범생보다는 문제아가 되어라

5부 내가 꿈을 이루면 나는 누군가의 꿈이 된다

레이트 블루머 ⑱ | 48세에 질레트를 창업한 킹 질레트
한 분야를 선택해 혼신의 힘을 다하라 **181**
+메시지: 거저 얻는 것은 아무것도 없다

레이트 블루머 ⑲ | 60세에 백신을 개발한 루이 파스퇴르
행운은 준비된 자에게만 미소 짓는다 **193**
+메시지: 호기심에서 멈추지 말고 질문하라

레이트 블루머 ⑳ | 38세에 세계적 성악가로 성공한 폴 포츠
가슴에 꿈을 품었다면 부화할 때까지 멈추지 말라 **203**
+메시지: 실패하는 것을 두려워하지 말라

레이트 블루머 ㉑ | 43세에 정치에 입문한 영국 총리 스탠리 볼드윈
뜻을 세우는 데 결코 늦은 일은 없다 **213**
+메시지: 청춘은 어떤 기간이 아니라 마음가짐이다

레이트 블루머 ㉒ | 76세에 그림을 시작한 '미국의 샤갈' 해리 리버먼
가장 큰 어리석음은 도전 없는 삶이다 **221**
+메시지: 꿈을 이루기 위해서는 시간을 낭비하지 말라

1부

모든 위대한 꿈의
처음은 불가능이었다

You can't be too old to make a dream come true

"

내 마라톤 인생은 아직 끝나지 않았습니다.
달리기는 내 삶 자체입니다.
그게 내가 살아 있는 이유입니다.
나는 포기하지 않고 사람들에게
힘을 주기 위해 계속 달릴 것입니다.

"

레이트 블루머 ① | 102세의 세계 최고령 마라토너 파우자 싱

도전은 인생의 새로운 의미를 찾게 해주는 선물이다

2013년 2월 24일, 홍콩.

저 멀리 노란색 터번을 쓴 한 노인이 길게 자란 흰 수염을 휘날리며 달려오는 모습이 보이자 운집한 관중들은 남녀노소 할 것 없이 박수를 치며 환호하기 시작했다.

"저기, '터번을 쓴 토네이도'가 온다!"

"힘내세요, 할아버지!"

"파이팅!"

노인은 전혀 힘들어하는 기색이 없었다. 오히려 좌우에 늘어선 사람들에게 손을 흔들며 환한 미소를 짓기까지 했다. 노인 주위에서는

101명의 남녀 응원 부대가 앞서거니 뒤서거니 함께 달리고 있었다. 올해 서양 나이로 101세인 노인의 도전을 응원하기 위해 대회 주최 측에서 마련한 이벤트였다.

이윽고 피니시 라인에 비틀거리며 도착한 노인 주위를 방송국 기자들이 둘러쌌다. 역사적인 장면을 담기 위해 여기저기서 카메라 플래시가 터졌다.

"몸은 괜찮습니까? 힘들지는 않으세요?"

"오늘 컨디션은 어땠습니까?"

"마지막 은퇴 경기인데, 심정은 어떠신지요?"

기자들의 쏟아지는 질문에 노인은 깊은 숨을 한 번 들이쉰 다음 말했다.

"물론 괜찮습니다. 오늘은 내 인생에서 가장 행복한 날 중 하루입니다. 경기를 시작하기 전부터 기분이 상쾌했고, 달리는 내내 기운이 넘쳤습니다. 이번이 마지막 경기라고 생각하니 슬프기도 하지만 오늘을 영원히 기억할 것입니다."

이날 노인이 수립한 기록은 1시간 32분 28초. 물론 마라톤 풀코스인 42.195킬로미터가 아니라 10킬로미터 단축 레이스 기록이었다. 하지만 영국 BBC를 비롯한 언론은 노인의 레이스 장면을 전 세계로 타전했다. 이는 단순한 마라톤 경기가 아니라 한 인간의 멈출 줄 모르는 도전이 이뤄낸 감동적인 순간이었기 때문이다.

102세의 '세계 최고령 마라토너'는 생애 마지막 레이스를 이렇게 마무리했다.

노인의 이름은 파우자 싱Fauja Singh.

1911년 4월 1일 인도 펀자브 지방에서 농민의 아들로 태어난 그는 1960년대에 영국 국적을 취득했다. 하지만 늦은 나이에 다른 나라로 이민을 간 사람들이 대개 그렇듯 자신의 고향인 펀자브어 말고는 영어를 거의 하지 못했다. 당연히 이민 생활도 폿탄치 못해 힘겨운 삶을 살아야만 했다.

네 자녀 중 막내로 태어난 파우자 싱은 다섯 살이 될 때까지 제대로 걷지도 못할 만큼 몸이 허약했다. 다리의 힘이 약해 좀 더 자라서도 먼 거리를 걷는 게 힘겨울 정도였다. 친구들은 그런 파우자 싱을 이렇게 놀리곤 했다.

"저기 단다Danda가 간다!"

"단다가 움직인다, 하하하!"

'단다'는 인도 신화에서 나뭇가지나 막대를 의미하는 단어이다.

그러나 열다섯 살이 될 때까지 이런 놀림을 받던 파우자 싱은 남다른 의지력을 가진 소년이었다.

"나를 조롱하게 놔두지 않을 테야."

파우자 싱은 더 이상 사람들의 놀림을 받기 싫어 열심히 운동을 했다. 눈에 보이는 모든 것이 운동기구였다. 넓은 들판과 숲이 모두 운동장이었다.

시간 날 때마다 걷고 뛰기를 반복했다. 처음에는 의무적으로 시작했던 운동이지만 갈수록 재미가 더해갔다. 그 결과 1947년 인도-파키스탄 분쟁이 일어나기 전까지 아마추어 달리기 선수로 활약할 만큼 체력을 길렀다.

결혼 후 고향을 떠나 런던 동부에 있는 일포드에 정착한 파우자 싱은 온갖 잡일을 하며 한동안 운동을 포기했다. 가족의 생계를 꾸려가기도 버거웠기 때문이다.

그러던 중 1992년 아내와 사별하고 곧이어 장녀가 산후 합병증으로 사망했다. 그리고 2년 후인 1994년에는 다섯째 아들이 건물 공사 현장에서 사고로 목숨을 잃었다. 특히 다섯째 아들의 죽음을 직접 목격한 그는 큰 충격을 받았다.

파우자 싱은 연이은 가족의 죽음을 견디지 못하고 슬픔의 나날을 보냈다.

"신이시여, 어찌 저에게 이런 고통을 주십니까?"

파우자 싱은 신을 원망했다. 죽고 싶을 만큼 세상이 저주스럽기만 했다.

게다가 향수병까지 겹쳤다. 이 모든 고통이 조상들의 영혼이 잠들어 있는 고향을 떠난 데 따른 형벌인 것만 같았다.

그의 삶은 하루하루가 힘겹기만 했다. 하지만 무턱대고 고향으로 돌아갈 수도 없었다. 자식들은 이미 장성했고, 여든이 넘은 늙은 몸으로 혼자 고향으로 돌아간다 한들 별 뾰족한 수도 없었다.

그때부터 파우자 싱은 달리기를 시작했다. 무작정 달렸다. 그렇게 달리는 순간만큼은 모든 고통과 슬픔이 저만치 달아났다. 자녀들도 슬픔에서 헤어나 소일거리를 찾은 아버지를 응원했다. 하지만 파우자 싱의 달리기는 그냥 조깅 정도의 수준이 아니었다. 파우자 싱의 목표는 마라톤 풀코스를 완주하는 것이었다.

"마라톤 경기에 참여할 테야."

자녀들과 손주들이 반대한 것은 당연했다.

"아버지, 당장 그만두세요. 연세를 생각하셔야지요. 그러다 다치시기라도 하면 어쩌시게요."

"할아버지, 그냥 저랑 조깅이나 하면서 즐기세요."

하지만 무엇도 마라톤에 대한 파우자 싱의 열정을 막을 수는 없었다. 그는 매일매일 연습에 몰두했다.

하루는 걱정하다 못한 아들이 아버지를 병원에 데려갔다. 의사가 만류하면 들을까 싶어 그랬던 것이다.

파우자 싱은 각종 검사를 마친 후 아들과 함께 진료실로 들어갔다.

담당 의사는 파우자 싱의 나이를 확인하고는 혀를 내둘렀다.

"할아버지, 정말 여든이 넘으셨어요?"

"그렇습니다."

"아, 네……."

의사는 들고 있던 차트를 꼼꼼히 살피고는 말을 이었다.

"근력이나 폐활량이 남달리 뛰어난 것은 맞습니다. 그러나 그것만 믿고 운동을 무리하게 했다간 낭패를 볼 수도 있으니 조심하셔야 합니다. 아무래도 연세가 있으시니……."

파우자 싱은 의사의 말을 끊고 나지막이 말했다.

"알겠습니다. 조심하지요. 그러나 달리기를 그만두라는 말은 하지 마십시오. 만약 달리기를 멈춘다면, 내 숨도 멈춘 것이나 마찬가지니 말이오. 난 내 선택을 포기하지 않을 것입니다."

옆에 있던 아들은 그저 한숨만 내쉴 뿐이었다.

그리고 마침내 파우자 싱은 2000년 런던 마라톤 대회에 출전해 42.195킬로미터를 6시간 54분 만에 완주하는 데 성공했다. 그의 나이 무려 89세 때의 일이다. 우승자가 뉴스거리가 되는 세상에서 나이를 잊은 그의 도전은 감동을 주기에 충분했다.

이후 92세이던 2003년 런던 마라톤 대회에서는 기록을 6시간 2분으로 단축하며 이름을 알렸다. 같은 해 열린 캐나다 토론토 마라톤 대회에서는 첫 번째 풀코스 도전 후 무려 1시간 24분을 단축한 5시간 40분을 기록해 세상을 깜짝 놀라게 했다.

2004년에는 축구 스타 데이비드 베컴, 왕년의 권투 헤비급 챔피언 무함마드 알리와 함께 스포츠용품 제조업체 아디다스 광고에 출연하며 스타로 발돋움하기도 했다.

이후 파우자 싱은 100세이던 2011년 토론토 마라톤 대회에서 8시간 11분 06초의 기록으로 풀코스를 완주해 '100세 인간'으로서 마라톤 역사의 한 획을 그었다. 그리고 2012년에는 런던 올림픽 성화 봉송 주자로 뛰기도 했다.

한 인터뷰에서 파우자 싱은 이렇게 말했다.

"나는 비극을 통해 성공과 행복을 얻었습니다."

그의 말처럼 마라톤에 대한 도전은 그에게 인생의 새로운 의미를 찾게 해준 신의 선물이었다. 아울러 세상 모든 사람들에게 인생의 의미를 다시 한 번 깨닫게 해준 아름다운 메시지이기도 했다.

파우자 싱은 은퇴 후에도 하루 4시간씩 달릴 것이라며 이렇게 말했다.

"내 마라톤 인생은 아직 끝나지 않았습니다. 달리기는 내 삶 자체입니다. 그게 내가 살아 있는 이유입니다. 나는 포기하지 않고 사람들에게 힘을 주기 위해 계속 달릴 것입니다."

플러스 메시지

성공의 비결은 결코 포기하지 않는 것

흔히 인생을 마라톤에 비유하곤 한다. 인내와 끈기 없이는 결코 결승점에 도달할 수 없기 때문이다. 그러나 인생은 승자를 가리지 않는 마라톤이다. 인생의 마라톤에서는 누구나 승자가 될 수 있다. 심지어 꼴찌조차도 얼마든지 승자가 될 수 있다. 애써 우승만 하려고 애쓸 필요도 없다. 인생의 마라톤에서는 무엇보다 포기하지 않고 달리는 것이 중요하기 때문이다. 포기하지 않고 달릴 때 누구나 승자의 월계관을 쓸 수 있다.

그런데 인생이라는 마라톤의 스타트 라인에서 걸음을 떼는 것조차 망설이는 사람이 있다. 실패할까봐 두렵기 때문이다. 그런 사람에겐 일등 아니면 아무것도 소용없다는 편견이 자리 잡고 있다. 일등을 못할 바엔 차라리 포기해버리는 게 낫다는 식이다. 우리 사회의 일등지상주의가 빚어낸 폐단이다.

    포기는 또 다른 포기를 낳는다. 요컨대 하나를 포기하면 결국 다른 것을 포기하게 된다는 뜻이다. 포기에는 중독성이 있기 때문이다. 포기하는 사람에겐 아무런 가능성의 문도 열리지 않는다. 당연하지 않은가? 성경에서 말하듯 문은 두드리는 사람에게 열리는 법이다.

    미국의 유명한 정신분석학자 시어도어 루빈은 이렇게 말했다.

    "도전에 성공하는 비결은 단 하나, 결코 포기하지 않는 것이다."

You can't be too old to make a dream come true

> "
> 나는 찾으려 했다.
> 나는 찾아냈다.
> 40년. 나는 곡괭이질을 했다.
> 땅으로부터 이 요정의 궁전이 솟아나게 하기 위하여.
> 내 몸은 모든 것에 용감히 맞섰다.
> 시간, 비판 그리고 지나간 세월에.
> "

레이트 블루머 ② | 33년 동안 꿈의 궁전을 쌓은 집배원 페르디낭 슈발

인내는 결코 성공을 배반하지 않는다

페르디낭 슈발Ferdinand Cheval의 직업은 오트리브 마을의 우편 집배원이었다. 늘 같은 장소를 돌아다녀 이젠 눈 감고도 집을 찾을 수 있었다. 슈발은 매일 30킬로미터 이상을 걸어 다녔다. 하지만 힘들거나 고되지 않았다.

당시 파리에서 만국박람회가 열렸는데 이를 기념하는 신기한 엽서를 보는 재미가 있었기 때문이다. 엽서에는 아름답고 신기한 풍경과 건물이 많았다. 한 번도 고향 마을을 벗어난 적이 없던 슈발의 눈에 유럽을 비롯한 아시아, 아프리카, 중남미의 풍경과 건물은 가슴을 설레게 했다.

'세상은 넓고 아름답구나.'

그날부터 슈발은 마음속으로 자신만의 성을 쌓는 상상을 했다. 르네상스풍의 외관에 신전은 인도풍으로 하고, 분수대는 남미의 건축 방식으로 쌓아올렸다. 정원도 색다르게 재배치했다. 동남아시아의 야자수나 종려나무 같은 식물을 심고, 아프리카에서만 서식하는 희귀한 새들과 동물들을 풀어놓았다. 그러자 어디에도 없는 멋진 성과 정원이 탄생했다. 오직 그만이 볼 수 있는 상상의 영토에 지은, 이 세상 하나뿐인 건축물이었다.

'언젠가는 이런 멋진 건축물을 내 손으로 만들 거야.'

슈발은 일을 마치면 집으로 돌아와 엽서에 있는 그림을 옮겨 그리고 자신의 생각을 글로 적기도 했다. 그렇게 우편 배달을 시작한 지 13년이 되던 어느 날이었다.

"어이쿠!"

우편 배달을 하기 위해 길을 걷던 슈발은 돌부리에 발이 걸려 넘어졌다. 슈발은 힘겹게 일어나 자신을 넘어뜨린 돌을 쳐다보았다.

"범인은 네놈이구나! 네놈이 나를 넘어뜨렸구나!"

슈발은 웃으며 돌을 내려다보았다. 돌은 아무런 말이 없었다. 그때 무언가에 홀린 듯 슈발은 손으로 흙을 파내 돌을 빼냈다. 그리고 돌을 들고 일어나 주위를 둘러보았다. 순간 눈앞에 놀라운 광경이 펼쳐졌다. 자신이 손에 들고 있는 돌 같은 정원석이 지천에 널려 있던 것이다. 동시에 그동안 머릿속으로만 그리던 상상의 성과 정원이 선명하게 눈앞에 떠올랐다.

그때가 슈발의 나이 43세.

'그래, 상상만 하지 말고 일단 한 번 해보는 거야.'

그날부터 우편 배달을 마치고 돌아오는 슈발의 가방에는 돌이 가득 찼다. 밤에는 수레를 끌고 커다란 돌을 실어왔으며, 신기하게 생긴 돌이 있으면 마을 밖까지 나가 가지고 왔다. 어느새 그의 집 마당이 돌로 가득 찼다. 동네 사람들은 미쳤다고 웅성거렸지만 슈발은 개의치 않았다.

'자, 이제부터 내가 상상했던 성을 쌓는 거야.'

슈발은 우편 배달을 마치면 등잔불을 켜놓고 자신만의 궁전을 만들기 시작했다. 하루에 두 시간만 자는 강행군이었다. 하지만 건축에 문외한인 슈발이 상상 속 궁전을 만드는 일은 생각보다 쉽지 않았다. 좀처럼 진도가 나가지 않았다. 그럴 때마다 슈왈은 마음속으로 생각했다.

'나는 10년 동안 내 꿈속에서 성과 궁전을 지었어. 나는 오직 나만의 건축물에 새로운 생명을 불어넣고 싶어. 하지만 꿈과 현실의 격차는 너무 심해. 나는 건축의 원리에 완전히 무지할 뿐만 아니라 미장이의 흙손조차 써본 일이 없잖아. 내 꿈을 이루기 위해서는 더 많은 공부를 해야 해.'

그렇게 세월이 흘러 예순 살이 된 어느 날, 슈발은 우편 배달 일을 그만두었다. 연금으로 나오는 돈은 대부분 시멘트와 석회를 사는 데 사용했다. 슈발은 아침부터 밤까지 혼자서 열심히 성을 쌓았다. 정원의 폭포를 만드는 데만 2년이 걸렸고, 성 입구에 동굴과 거인상을 만드는 데 5년이 걸렸다.

첫 돌을 주워 쌓기 시작한 지 33년째 되던 해, 마침내 상상만 하던 궁전을 완성했다. 슈발의 나이 74세 때 일이다. 성의 길이는 총 26미터나 되었고, 폭은 14미터, 높이는 10미터에 이르렀다. 단 한 사람의 손으로 지은 성이라고는 믿기 어려웠다. 게다가 이렇게 아름다운 성은 세상 어디에도 없었다.

"나는 찾으려 했다. 나는 찾아냈다. 40년. 나는 곡괭이질을 했다. 땅으로부터 이 요정의 궁전이 솟아나게 하기 위하여. 내 몸은 모든 것에 용감히 맞섰다. 시간, 비판 그리고 지나간 세월에."

하지만 성을 쌓는 동안 슈발은 하나뿐인 아들과 아내를 잃는 슬픔을 겪기도 했다. 슈발은 자신이 지은 궁궐의 벽에 다음과 같은 글귀를 적었다.

"나는 농부의 자식으로 태어나 농부로 살아왔다. 나와 같은 계층의 사람들 중에도 천재성을 가진 사람, 힘찬 정열을 가진 사람이 있다는 것을 증명하기 위해 나는 살고 또 죽겠노라."

많은 사람이 그의 업적에 놀라워하며 박수를 보냈다. 어떤 사람은 이렇게 말하기도 했다.

"나는 '불가능'이란 존재하지 않거나 존재해서는 안 된다고 했던 나폴레옹을 떠올렸다. 그가 옳다."

슈발이 33년 동안 쌓은 성은 리옹에서 64킬로미터 떨어진 오트리브에 있다. 성의 공식 명칭은 팔레 이데알Palais Ideal, 이름 그대로 꿈의 궁전이다.

슈발의 '꿈의 궁전'은 1969년 프랑스의 문화재로 지정되었다. 당시 이를 지정했던 문화부 장관은 《인간의 조건》이라는 유명한 소설 작품을 남겼으며 "오랫동안 꿈을 그리는 사람은 마침내 그 꿈을 닮아간다"라는 명언을 남긴 앙드레 말로였다.

  '꿈의 궁전'의 주인은 당연히 페르디낭 슈발이다. 슈발은 88세에 숨을 거두었지만 그가 33년간 하나씩 쌓아 올린 꿈을 보러 오기 위해 지금도 수많은 관광객이 찾아온다.

플러스 메시지

인내란 포기하지 않고 기다리는 것이다

　인내란 참고 견디는 것을 말하지만 아무것에나 무조건 꾹꾹 참고 견디라는 뜻은 아니다. 자신의 꿈을 이루기 위한 인내란 원하는 목표를 이룰 때까지 포기하지 않고 참고 기다리는 것을 말한다.
　지금도 프랑스가 최고의 영웅으로 받들고 있는 나폴레옹은 원래 식민지 출신의 가난한 청년이었다. 하지만 나폴레옹은 수많은 난관과 인내 끝에 프랑스의 황제가 되었고, 유럽과 아프리카를 제패했다.
　나폴레옹은 "최후의 승리는 인내하는 사람에게 돌아간다. 인내하는 데서 운명이 좌우되고 성공이 따르게 된다. 승리는 가장 많이 인내하는 자에게 주어지는 선물이다"라는 말로 인내의 중요성을 강조했다.

비록 지금은 작고 초라한 꿈일지라도 언젠가는 꼭 이루어진다는 믿음을 가져야 한다. 점이 모이면 선이 되고, 선이 모이면 면이 된다.
 작은 점 하나가 모여 선을 이루듯이 인생도 마찬가지이다.
 이루고 싶은 꿈을 위해 최소한 10년을 인내하고 노력할 수 있는가? 그런 마음이 없다면 꿈을 이룬다는 것은 하늘의 별따기처럼 불가능한 일이 될 것이다.

You can't be too old to make a dream come true

"

어린 시절이 즐거웠고
지금도 어린 아이들과 함께 있는 것이
어른들과 있는 것보다 훨씬 편하다.
항상 작고 순수한 상태로 있고 싶다.
나는 그것 말고는 할 줄 아는 것도 없다.

"

레이트 블루머 ③ | 62세에 동화작가가 된 〈슈렉〉의 윌리엄 스타이그

어른과 아이를 구분 짓는 건 나이가 아니라 마음이다

오랜 옛날 마녀의 저주에 걸려 밤에는 못생긴 괴물로, 낮에는 아름다운 여인으로 변하는 공주가 있었다. 불을 뿜는 무시무시한 용이 지키는 성에 갇혀 있는 공주는 오직 사랑하는 사람과 첫 키스를 해야만 마법에서 풀릴 수 있었다. 한편 성 밖 늪지대에는 엄청나게 못생기고 덩치도 엄청나게 큰 녹색 괴물이 살고 있었다. 지저분한 진흙으로 샤워를 하고 동화책을 화장실 휴지로 사용하는 괴짜였다.

바로 애니메이션 영화 〈슈렉〉에 나오는 피오나 공주와 슈렉이다. 2000년 영화로 제작된 〈슈렉〉은 애니메이션 부문 오스카상을 수상했으며 전 세계적으로 약 1억 4000만 달러의 수익을 올리기도 했다.

이 〈슈렉〉의 원작자는 놀랍게도 62세라는 늦은 나이에 어린이 책 세계에 뛰어든 윌리엄 스타이그$^{William Steig}$이다. 그런데 이보다 더 놀라운 사실은 스타이그가 〈슈렉〉을 쓴 것이 1990년, 그러니까 84세 때의 일이라는 것이다.

"나는 어른으로서 수많은 일을 해냈지만 어른이 되었다고 느낀 적은 없었다."

한 언론과의 인터뷰에서 말한 것처럼 '아이 같은 어른'이 아니고서는 결코 해낼 수 없는 일이었다.

윌리엄 스타이그는 1907년 11월 뉴욕 브루클린에서 태어났다. 오스트리아 이민자 출신인 아버지는 생계를 위해 미장일을 했지만 취미로 그림 그리는 것을 매우 좋아했다.

어려서부터 상상력이 뛰어났던 스타이그는 특히 독서를 즐겼다. 하루는 일을 마치고 돌아온 아버지가 물었다.

"윌리엄, 오늘은 무슨 책을 읽었니?"

스타이그는 자랑스러운 눈빛으로 책상 위를 가리켰다.

책상 위에는 《그림 동화》, 《로빈슨 크루소》, 《아서 왕 이야기》, 《헨젤과 그레텔》 등이 널려 있었다.

"이걸 전부 읽었어?"

"네."

그러면 아버지는 어린 스타이그가 읽은 책을 펴놓고 이야기를 나누곤 했다. 때론 책의 내용을 약간 비틀어 상상력을 자극했다. 이런 창의적인 가정 분위기에서 스타이그는 자연스럽게 창작, 특히 그림에 흥미를 느끼기 시작했다.

1929년, 스타이그가 22세 때 미국은 대공황의 소용돌이에 휘말렸다. 뉴욕 시립대학교와 국립 디자인 아카데미를 졸업하고 예일 예술대학교에 다니던 스타이그는 학업을 포기하고 생활 전선에 나가야 했다. 아버지 혼자서는 가족을 부양하는 것이 불가능했기 때문이다.

"학업을 그만둬서 안타깝다만, 네가 할 일은 네가 선택해라. 그러나 아버지는 네가 평범한 직장인이 되는 것은 반대다. 마음에서 우러나는 진정한 바람이 무엇인지 생각해보고 선택하도록 해라."

스타이그는 단번에 자신의 갈 길이 무엇인지 결정했다. 다름 아닌 예술의 세계였다. 그것은 상상력과 창의성을 무엇보다 중시하던 아버지가 내심 바라던 직업이기도 했다. 그의 형제들이 훗날 재즈 플루티스트, 화가, 배우로 성장한 것은 아버지의 이 같은 가정교육 덕분이었다. 비록 가족을 부양하기 위해 생업에 나섰지만 스타이그는 최선을 다하며 그림 작가로서의 경력을 쌓아갔다.

1930년부터 〈뉴요커〉, 〈라이프〉 등을 비롯한 각종 신문과 잡지에 카툰을 기고하고 이후 수없이 많은 카툰을 그려 '카툰의 왕'이라는 명성을 얻었다. 1940년대에는 한때 조각에 몰두해 개인전을 열기도 했다. 당시 그가 제작한 조각 작품들은 지금도 미국의 여러 미술관에 전시되어 있다.

그러던 중 1968년 우연히 어린이 그림책을 그려보라는 친구의 권유를 받았다.

"자네 이제 카툰은 그만두고 어린이 책을 한 번 써보는 게 어떻겠나? 자네라면 이 분야에서도 충분히 성공할 수 있을 것이네."
 그의 나이 62세 때의 일이다. 40년 넘게 작품 활동을 하면서도 어려서부터 쌓아온 감성에 목말라 하던 그에게는 가뭄에 단비와도 같은 제안이었다.
 "고마워. 사실 요즘 내가 슬럼프에 빠졌었거든. 사실 난 어린 시절만큼 행복하고 감동적인 시절이 없었다네."
 하지만 어린이 책을 만드는 것은 쉽지 않은 일이었다. 나이 예순에 어린이의 감성을 회복하는 것이 무엇보다 힘들었다. 게다가 네 번의 결혼을 하는 등 가정생활도 그다지 평탄하지 못했다. 어린이 책을 포기하고 다시 카툰에 전념하고 싶은 생각도 들었다. 하지만 어린 시절의 뭔가가 자꾸만 그를 잡아당겼다.
 '음, 뭔가 다른 터닝 포인트가 필요해.'
 스타이그는 그동안 나온 어린이 책과 애니메이션을 섭렵하기 시작했다. 그가 보기에 월트 디즈니 스타일은 진부하기 그지없었다.
 '디즈니는 너무 획일적이야. 아름답고 영웅적인 이야기를 비틀어 보는 건 어떨까?'
 어린 시절, 아버지는 동화책을 함께 읽으며 내용과는 사뭇 다른 이야기를 창조해내곤 했다. 아름다운 공주가 못생긴 하녀가 되고, 꼬부랑 할머니가 되기도 했다. 때론 잘생긴 공주 대신 못생긴 공주가 왕자의 사랑을 차지해 행복을 얻기도 했다.
 이러한 고뇌를 거쳐 탄생한 그의 작품은 재치 넘치는 표현과 반전 그리고 독특한 상상력으로 높은 평가를 받았다.

이후 수많은 작품을 출간하며 스타이그는 1969년 칼데콧상, 1976년 뉴베리상, 1984년 황금독수리상 등 다양한 상을 수상했다.

《MBA에서도 가르쳐주지 않는 창의력 노트》의 저자 제임스 히긴스는 이렇게 말했다.

"윌리엄 스타이그는 매일 일어나는 사건들을 경이로움을 갖고 표현할 줄 아는 어린이 같은 특별한 능력을 갖춘 그림책 작가이다. 어린 시절을 잘 회상해서 작품을 쓸 뿐만 아니라 어른들이 아이들에게 제공할 수 없는 어린 시절의 근본적 감성을 작품 속으로 끌어들이는 탁월한 능력을 가졌다."

실제로 스타이그의 그림책에는 풍요로운 자연과 안정된 가정, 우정과 자신감 그리고 상상력 등이 의인화한 동물들의 성격 속에서 그대로 드러난다. 이와 관련해 스타이그는 다음과 같이 말했다.

"모든 어린이는 그림책을 단순히 이야기로써 받아들이는 것이 아니라 땅 위에 존재하는 생명에 관한 무엇을 이야기하고 있다는 것을 눈치챈다."

아울러 스타이그 자신의 성공 비결에 대해 이렇게 말했다.

"어린 시절이 즐거웠고 지금도 어린 아이들과 함께 있는 것이 어른들과 있는 것보다 훨씬 편하다. 항상 작고 순수한 상태로 있고 싶다. 나는 그것 말고는 할 줄 아는 것도 없다."

스타이그는 2003년 94세를 일기로 세상을 뜰 때까지 어린이의 순진무구한 눈으로 세상을 바라보며 모든 이에게 꿈과 희망과 사랑 그리고 무엇보다 창의적 상상력이라는 선물을 선사했다.

플러스 메시지

지식보다 중요한 것은 상상력이다

"모든 어린이는 예술가이다. 어른이 되어서도 그 예술성을 어떻게 지키느냐가 관건이다."

피카소의 말이다. 요컨대 모든 어린이는 나름의 뛰어난 상상력을 가지고 있다는 뜻이다.

피카소는 어려서 공부에 어려움을 많이 겪었다. 초등학교에서는 읽기와 쓰기를 제대로 못해 졸업이 힘들 정도로 학습 능력이 떨어졌다. 14세 때 바르셀로나로 이주해 미술학교에 입학했지만, 학교생활에 적응하지 못해 이내 그만두고 말았다. 그 후 마드리드 왕립미술학교에 다녔지만 역시 마찬가지였다.

20세기의 천재 화가 피카소가 미술학교에서조차 재능을 발휘하지 못한 것이다.

  그런데 피카소는 말을 배울 무렵부터 그림을 그리기 시작했다. 다만 사회와 학교가 그의 능력을 알아보지 못했을 뿐이다.

  어려서 뛰어났던 사람이 장성해서 그 빛을 보지 못하는 경우가 많다. 특히 입시 교육 위주의 한국 사회에서는 그런 경우가 허다하다. 어떤 분야의 신동이라고 알려져 칭찬을 받던 사람이 그 재능을 완전히 잃어버리는 경우도 많다. 그 이유는 아이의 상상력과 가능성을 일찌감치 가둬 부모와 사회가 원하는 틀에 꿰맞추려 하기 때문이다.

You can't be too old to make a dream come true

"
꿈은
평등하게 꿀 수 있는 거야.
나도 괴로운 일
많았지만
살아 있어 좋았어.
너도 약해지지 마!
"

레이트 블루머 ④ | 99세에 시인으로 등단한 시바타 도요

누구에게나 아침은 반드시 찾아온다

있잖아, 불행하다고
한숨짓지 마
햇살과 산들바람은
한쪽 편만 들지 않아
꿈은
평등하게 꿀 수 있는 거야
나도 괴로운 일
많았지만
살아 있어 좋았어

너도 약해지지 마
-〈약해지지 마〉 전문

2009년, 한 할머니가 시집을 출간해 일본 출판계에 센세이션을 일으켰다. 시집의 제목은 《약해지지 마》. 이 시집은 독자들의 사랑을 받으며 단숨에 150만 부의 판매 부수를 넘겼고, 베스트셀러 작가가 된 할머니 또한 일약 스타로 떠올랐다. 1만 부만 넘어도 화제가 되는 출판계에서는 그야말로 경이로운 일이었다. 언론이 할머니의 등장을 대서특필한 것은 물론이다.

그런데 놀랍게도 할머니는 무려 99세의 노인이었다. 게다가 그때까지 시라곤 써본 적이 없는 문외한이었다.

하지만 할머니가 장안의 화제가 된 것은 단순히 99세라는 늦은 나이에 시집을 냈기 때문만은 아니었다. 할머니의 시에는 인생을 바라보는 지혜가 가득 녹아 있었다. 특히 삶에 대한 긍정적인 자세와 순수한 마음이 가득 담겨 독자들에게 감동을 선사하기에 충분했다.

1911년 일본 간토 지방에 있는 도치기 시에서 태어난 시바타 도요(柴田トヨ)는 부유한 가정의 외동딸로 자랐다. 하지만 쌀집을 운영하던 아버지의 사업이 기울어 가정 형편이 어려워지자 학교를 그만두고 생계에 뛰어들었다.

시바타 도요는 음식점 등을 전전하며 더부살이를 하면서도 독서와 영화·노래 감상을 즐겼다. 특히 항상 신선한 감동을 주는 마쓰오 바쇼松尾芭蕉의 하이쿠는 새로운 세상을 열어주곤 했다.

　오랜 못이여
　개구리 뛰어들어
　물 치는 소리

　군더더기 없이 간결한 언어로 봄이 오는 소리를 표현한 바쇼의 하이쿠는 소녀의 감성을 자극하기에 충분했다. 바쇼의 시집을 거의 닳도록 읽고 외웠다.

　말을 하려니
　입술이 시리구나
　가을 찬바람

　말년에 시바타 도요가 쓴 시에서 드러나는 삶에 대한 관조는 바쇼에게서 받은 영향이 컸다.
　시바타 도요는 20대에 부모님의 권유로 결혼을 했지만 얼마 지나지 않아 이혼을 결심했다. 당시로서는 어려운 선택이었다.
　"네가 우리 집안을 망치는구나!"
　어렵사리 이혼 얘기를 꺼내자 아버지는 노발대발했다. 하지만 딸의 굳은 뜻을 꺾지는 못했다.
　"그래, 이유나 한 번 들어보자."

"그냥 누구에게 얽매이지 않고 제 삶을 살고 싶어요."

하지만 여자 혼자 사는 삶은 결코 녹록치 못했다. 게다가 그즈음 일본은 전쟁에 몰두하느라 경제가 파탄지경에 이르고 있었다. 온갖 잡일을 해도 하루 세 끼를 해결하기에 바빴다. 사는 게 지옥 그 자체였다.

1944년 전쟁이 막바지에 달해 더욱더 힘겨운 생활을 하던 중 요리사로 일하는 시바타 에이키치를 만나 몸을 의지했다. 그리고 이듬해에 아들 겐이치를 낳았다.

이후 수십 년 동안 평범한 삶을 살던 시바타 도요에게 다시금 문학에 대한 꿈의 불씨를 되살려준 것은 다름 아닌 아들이었다.

"어머니, 시를 써보시는 게 어때요?"

아들은 세상을 보는 어머니의 따뜻한 시선과 남다른 감성 그리고 상상력을 누구보다 잘 알고 있었다. 어려서부터 시를 읽어주곤 했던 어머니 덕분에 시인이 되기도 했다.

순간, 어머니의 눈이 반짝 빛났지만 이내 고개를 저으며 말했다.

"이 나이에 시는 무슨……."

하지만 아들은 뜻을 굽히지 않았다.

"이젠 무용을 하기엔 체력적으로 부담도 되고 하니 드리는 말씀이에요. 그리고 저는 어머니가 좋은 시를 쓸 수 있다는 걸 믿어요. 제가 시인이 된 것도 어머니 덕분이니까요."

사실 아흔이 넘은 어머니가 취미로 무용을 하는 건 여간 부담스러운 일이 아니었다. 몇 년 전에는 발목을 다쳐 큰 고생을 하기도 했다.

그날 밤, 시바타 도요는 잠자리에 누워 조용히 생각했다.

'내가 과연 시를 쓸 수 있을까?'

아들은 생각나는 것을 그대로 옮겨 써보라고 했지만, 글이라는 걸 써본 지가 너무 오래되어 더럭 겁부터 났다.

그때 문득 마쓰오 바쇼의 하이쿠가 생각났다. 겉표지가 문드러지도록 들고 다니며 읽고 읽었던 시집이었다. 그런데 참으로 신기하게도 그동안 까맣게 잊고 있던 바쇼의 하이쿠가 머릿속에 선명하게 떠오르는 것이었다.

"아, 그래! 시는 바로 그런 것이었어!"

마침내 소녀 시절의 시적 감성을 되찾은 것이다. 시바타 도요의 나이 92세 때의 일이다.

얼마 후, 겐이치는 어머니가 쓴 시를 신문사에 투고했다. 다행히 이 시는 높은 경쟁률을 뚫고 〈산케이 신문〉 '아침의 노래' 코너에 당당히 실렸다.

그리고 2009년 시바타 도요는 자신의 장례비로 모아둔 100만 엔을 첫 시집인 《약해지지 마》를 출간하는 데 사용했다. 당시 나이는 99세였다.

난 말이지
사람들이 친절을 베풀면
마음에 저금을 해둬
쓸쓸할 때면 그걸 꺼내 기운을 차리지

너도 지금부터 모아두렴
연금보다 좋단다
-〈저금〉 전문

지극히 일상적인 언어로 삶을 관조하는 시바타 도요의 시에는 깊은 연륜이 느껴진다. 게다가 그 흔한 말장난이나 젠체하는 표현도 전혀 없다.

무심코 한 말이 얼마나 상처 입히는지
나중에 깨달을 때가 있어
그럴 때 나는
서둘러 그이의 마음속으로
찾아가 '미안합니다' 말하면서
지우개와 연필로
말을 고치지
-〈말〉 전문

이 시집은 한국, 이탈리아, 독일, 대만, 중국, 영국 등 세계 각국에서 번역, 출판되었다. 특히 한국에서는 일약 베스트셀러에 올라 큰 인기를 얻었다.

시바타 도요는 2011년 6월 두 번째 시집《100세》를 출간하고 2013년 1월 103세의 나이로 세상을 떠났다.

시바타 도요는 죽기 얼마 전 동일본 대지진으로 고통 받는 사람들을 위로하며 이렇게 노래하기도 했다.
"인생이란 언제라도 지금부터야. 누구에게나 아침은 반드시 찾아온다."

플러스 메시지

하루를 인생의 마지막 날인 것처럼 살아라

일본의 호스피스 전문의 오츠 슈이츠가 펴낸 《죽을 때 후회하는 스물다섯 가지》라는 책이 있다. 저자가 죽음을 앞둔 1000명의 사람들에게서 들은 이야기를 모아 엮은 책이다. 이 책에 따르면 사람들은 죽기 전에 대개 다음과 같은 후회를 한다고 한다.

"사랑하는 사람에게 고맙다는 말을 많이 했더라면."
"진짜 하고 싶은 일을 했더라면."
"꿈을 꾸고 그 꿈을 이루려고 노력했더라면."
"만나고 싶은 사람을 만났더라면."
"죽도록 일만 하지 않았더라면."

"내 장례식을 생각했더라면."
"삶과 죽음의 의미를 진지하게 생각했더라면."
"건강을 소중히 여겼더라면."

후회 없는 삶은 없겠지만 이런 후회를 미리 생각한다면 좀 더 나은 삶을 살 수 있지 않을까? 스티브 잡스는 이렇게 말했다.
"인생의 중요한 순간마다 곧 죽을지도 모른다는 사실을 명심하는 것이 내게는 가장 중요했다. 죽음은 삶이 만든 최고의 발명품이다. 죽음은 삶을 변화시킨다. 여러분의 삶에도 죽음이 찾아온다. 인생을 낭비하지 말라."

You can't be too old to make a dream come true

"

바람(Hope)은 이루어지지 않을 수도 있지만
꿈(Dream)은 반드시 이루어진다.
왜냐하면 꿈을 가진 사람은
이루어질 때까지 도전하기 때문이다.
인생 최대의 난관은 인생 최대의
성공으로 가는 길목에 불과하다.
이길 때까지 포기하지 않으면
진다는 것은 있을 수 없다.

"

레이트 블루머 ⑤ | 68세에 KFC를 창업한 커널 샌더스

자신의 생각을
주저하지 말고 행동으로 옮겨라

해가 뉘엿뉘엿 기울고 있는 저녁 무렵, 한 노인이 포드 트럭을 몰고 고속도로를 달리고 있었다.

"오늘도 트럭에서 밤을 보내야겠군."

집을 나선 지 벌써 여러 달. 몸이 천근만근 피곤했다. 노인은 벌써 3년째 이런 생활을 하고 있었다.

저 앞에서 고급 승용차 한 대가 천천히 다가왔다. 차 안에 아이들과 두 부부가 타고 있었다. 너무나도 행복해 보였다. 오늘도 이제나저제나 남편이 오길 기다리고 있을 아내가 몹시 보고 싶었다.

그때 문득 조금 전 당했던 수모가 떠올랐다. 그 레스토랑의 주인은

30대 초반의 젊은이였다.

"할아버지, 그래도 이건 아니지요. 세상에 달랑 요리법만 들고 자신의 요리를 사달라는 사람이 어디 있습니까?"

"그래도 한 번 들어보시오. 내 요리법을 사라는 게 아니라 일단 드셔보시고, 마음에 들면 내가 그 요리법과 양념을 제공해 드리겠다는 겁니다."

하지만 주인은 막무가내였다.

"이제 곧 손님이 들이닥칠 텐데, 할아버지하고 말다툼이나 하고 있을 시간이 없다고요. 귀찮게 하지 마세요. 경찰을 부르기 전에 빨리 나가세요."

노인은 하는 수 없이 레스토랑을 나섰다. 벌써 1008번째 퇴짜였다. 말이 1008번째지 늙은 몸으로 미국 전역을 돌아다니며 고군분투하다 보니 만신창이가 되었다.

얼마 전까지만 해도 노인은 어엿한 레스토랑의 주인이었다. 주로 닭튀김 요리를 판매했는데, 장사도 제법 잘되서 켄터키 주에서는 나름대로 유명인사 대접을 받았다. 주지사로부터 '켄터키 커널'Kentucky Colonel이라는 켄터키 주 최고의 명예 호칭을 수여받기도 했다. 그런데 그렇게 번창하던 식당을 한순간에 날려버리고 빈털터리가 되고 말았다. 수중에 남은 것이라고는 사회보장금으로 받은 105달러가 전부였다.

'나에게 도대체 무슨 일이 일어난 거지?'

노인은 늦은 나이에 닥친 불행에 주저앉고만 싶었다. 그때마다 용기를 준 것은 아내였다.

"여보, 당신이 하고 싶은 일을 해요. 다시 한 번 도전해보는 거예요. 포기하지 마세요."

노인이 하고 싶은 일은 아주 오래전부터 단 하나였다. 바로 자신만의 독특한 메뉴를 개발해 운영하는 레스토랑을 운영하는 것.

"그래, 다시 시작해보는 거야. 여기서 포기하면 그동안의 노력이 물거품이 될 거야. 누군가는 내 메뉴를 인정해줄 거야."

심기일전한 노인은 자신이 갖고 있는 열한 가지 양념의 닭튀김 비법을 판매하기로 했다. 하지만 생각만큼 쉽지가 않았다. 돈을 주고 요리법을 사겠다는 사람이 쉽게 나타나지 않았던 것이다. 예상했던 일이지만 비참했다.

그날 밤을 트럭에서 새운 노인은 다음 목적지를 향해 차를 몰았다. 그리고 마침내 자신의 요리법을 구매하겠다는 인물을 만났다. 그 사람은 바로 웬디스 버거의 창립자 데이브 토머스였다. 1009번째 만에 마침내 세계적 체인망을 갖춘 미국 최대의 프랜차이즈 업체로 성장한 KFC 제1호점이 탄생한 순간이었다. 노인의 나이 68세 때의 일이다. 기적이 일어난 것이다.

고난과 역경 속에서도 마지막까지 좌절하지 않았던 노인은 훗날 이때를 회상하며 이렇게 말했다.

"내 인생에서 신의 도움을 가장 간절히, 아주 절박하게 원하던 때가 있었다면 바로 그때였다."

그리고 이렇게 덧붙였다.

"훌륭한 생각을 하는 사람은 많지만 그걸 행동으로 옮기는 사람은 드물다. 나는 포기하지 않았다. 무언가를 할 때마다 그 경험에서 배우고 다음번에는 더 잘할 수 있는 방법을 찾아냈다."

KFC 창업자 커널 샌더스Colonel Sanders의 본명은 할랜드 데이비드 샌더스Harland David Sanders이다.

1890년에 태어난 그는 6세 때 아버지를 여의고 10세 때부터 농장 일을 했다. 샌더스는 어머니를 도와 어린 두 동생을 돌보며 자연스럽게 요리를 접했고, 나중에는 웬만한 요리는 다 할 수 있을 만큼 재미를 붙이기도 했다. 그러던 중 12세 때 어머니가 재혼을 했는데 의붓아버지의 폭력이 너무나 심해 어린 소년에게 집은 지옥과 같았다.

가족의 품을 떠난 소년 샌더스는 페인트공, 철도 소방대원, 보험 영업사원, 타이어 판매원, 유람선 선원 등의 일을 전전했다. 그사이 여자를 만나 결혼도 했다. 하지만 철도 회사를 다닐 때 노동자 파업으로 인해 쫓겨나는 바람에 경제적 어려움을 이겨내지 못한 아내와 결별하는 아픔을 겪기도 했다.

보험 영업사원으로 일할 때는 새벽에 일어나 방문할 집을 점검하고 저녁에는 침침한 가로등 밑에서 고객카드를 일일이 확인했다. 그 결과 입사한 지 불과 몇 개월 만에 그 지역에서 최고의 실적을 올린 판매원으로 올라섰다.

그런데 당시 샌더스가 담당했던 지역은 그때까지 한 건의 계약도 이뤄지지 않아 모든 영업사원들이 포기하다시피 한 곳이었다. 샌더스가 그 지역을 맡기 전 1년 동안 5명의 영업사원을 거쳤지만 아무런 실적도 내지 못한 터였다.

이때 샌더스는 다음과 같은 말을 좌우명으로 삼았다.

"할 수 있다고 생각하기 때문에 할 수 있는 것이다."

무에서 유를 창조하는 이런 열정과 도전정신이 불가능을 가능하게 만들었던 것이다. 아울러 이런 마음가짐은 훗날 무려 1008번의 거절을 딛고 일어설 수 있었던 저력이기도 했다.

타이어 영업을 하던 샌더스는 한 석유 대리점 주인으로부터 성실성을 인정받았다.

"자네를 쭉 지켜보았네. 어떤가, 자네가 직접 이 주유소를 운영해 보는 게?"

믿기지 않는 제안이었다. 샌더스는 자신에게 찾아온 기회를 놓치고 싶지 않았다. 그래서 밤낮을 가리지 않고 열심히 일했다. 그런 샌더스의 모습에 대리점 주인도 흐뭇해했다.

하지만 날로 번창하던 주유소 사업은 문을 닫아야 했다. 1929년 대공황이 시작되었기 때문이다. 주유소는 대공황의 파도에 밀려 실패하고 말았다.

이후 40세 무렵 편의점이 딸린 주유스를 겨우 장만한 샌더스는 허기진 여행객들을 대상으로 요리를 해주기 시작했다. 물론 버젓한 레스토랑을 운영한 것은 아니었다. 그냥 자신의 식탁에서 음식을 제공한 게 전부였다. 이때부터 샌더스는 당시 널리 사용하던 팬 튀김보다 조리 시간이 훨씬 빠른 압력 튀김 방식을 개발하는 등 자신만의 닭튀김 조리법을 연구하는 데 전념했다.

샌더스가 판매하는 닭튀김 요리는 뛰어난 맛 때문에 입소문이 나 사람들이 몰려들기 시작했다. 하지만 이번엔 화재가 그의 꿈을 삼켜 버렸다. 연이은 실패와 불행에 그는 좌절했다.

'신이 나를 살려두는 것은 나를 벌주기 위해서일까?'

다행히 그의 요리 맛을 잊지 못하는 사람들이 많았다.

용기를 얻은 그는 2년 후 142명이 앉을 수 있는 레스토랑을 열었다. 다시 한 번 도전에 성공한 것이다.

하지만 꿈만 같던 성공도 한순간에 물거품이 되고 말았다. 성업 중이던 레스토랑이 자리 잡은 국도에 우회도로가 새로 생기는 바람에 가게를 찾는 사람이 줄어든 것이다.

황급히 가게를 내놓았지만 사려는 사람이 없었다. 값이 떨어지고 떨어져 겨우 7만 5000달러에 가게를 처분했다. 하지만 종업원 월급과 세금, 밀린 물건 대금을 지불하고 나자 수중에 한 푼도 남지 않았다. 그야말로 빈털터리가 된 것이다.

그러나 이때도 샌더스는 결코 좌절하지 않았다.

'녹이 슬어서 사라지기보다 차라리 다 닳아빠진 후 없어지는 것을 택하겠다.'

이런 각오로 무려 1008번의 거절을 이겨내고 68세에 재기해 마침내 세계적인 기업을 일구는 데 성공한 것이다.

생전에 샌더스는 이런 말을 즐겨 했다.

"바람^{Hope}은 이루어지지 않을 수도 있지만 꿈^{Dream}은 반드시 이루어진다. 왜냐하면 꿈을 가진 사람은 이루어질 때까지 도전하기 때문이다. 인생 최대의 난관은 인생 최대의 성공으로 가는 길목에 불과하다. 이길 때까지 포기하지 않으면 진다는 것은 있을 수 없다."

샌더스는 1980년 12월 급성 백혈병 진단을 받고 폐렴으로 사망할 때까지 지구를 40만 킬로미터나 여행하며 자신의 패스트푸드 제국을 운영했다.

플러스 메시지

목표를 뛰어넘는 비전을 품어라

세계적 기업 월마트를 창업한 새뮤얼 월튼은 이렇게 말했다.
"돈이 없는 게 문제가 아니다. 비전이 없는 게 문제다. 자신을 믿는 사람은 엄청난 것을 성취할 수 있다."
여기서 비전이란 단순히 목적이나 목표만을 의미하지 않는다. 반드시 '가치' 추구라는 열정이 수반되어야 한다. 아울러 자기 자신에 대한 군건한 믿음이 있어야 한다.
목적이나 목표만 갖고 매진하는 사람은 실패를 두려워하고 실패를 맞닥뜨렸을 때 쉽게 당황한다. 또 그 실패를 소중한 기회로 삼지 못하고 주저앉는 경향이 많다. 이는 목적이나 목표에 수반되어야 할 비전이 없기 때문이다.

반면 비전을 가진 사람은 실패를 두려워하지 않을뿐더러 그 실패를 기회로 삼는다. 자신을 믿고 가치를 추구할 줄 아는 지혜를 갖고 있기 때문이다.

영국 총리를 지낸 '철의 여인' 마거릿 대처는 이렇게 말했다.

"실패는 단지 더 현명하게 시작할 기회일 뿐이다. 당신이 할 수 있다고 생각하든 할 수 없다고 생각하든 상관없이 당신이 옳다. 인생은 확실한 것이 없고 오로지 기회만 있을 뿐이다."

2부

꿈은 자기 믿음을 먹고 자란다

You can't be too old to make a dream come true

> 링에서 한 번 다운 될 수 있다.
> 여러 번 다운 될 수도 있다.
> 권투선수라면 다운당하는 게 당연한 거 아닐까?
> 중요한 것은 또 일어서는 사람만이
> 챔피언이 될 수 있다는 것이다.
> 당신의 자녀에게 분명히 가르쳐야 한다.
> 인생의 링에서 얻어맞고 쓰러지더라도
> 다시 당당하게 일어서야 한다는 것을 말이다.

레이트 블루머 ⑥ | 45세에 세계 챔피언 벨트를 되찾은 조지 포먼

인생의 링에서 쓰러졌을 땐 당당하게 일어서라

1994년 11월 5일, 미국 라스베이거스 MGM 그랜드가든에 마련된 특설 링.

세계에서 가장 주먹이 센 헤비급 타이틀 매치를 앞두고 있었다. 수많은 관중의 눈이 사각의 링 위에 몰렸다. 챔피언은 당시 세계권투협회^{WBA}, 국제권투연맹^{IBF} 헤비급 세계 챔피언인 29세의 마이클 무어. 도전자는 놀랍게도 45세의 조지 포먼$^{George\ Foreman}$이었다.

여기저기서 야유가 쏟아졌다.

"할아버지가 무슨 복싱을 한다고 그래. 때려치워!"

"양로원에나 가라고! 당신 시대는 끝났어, 하하하."

"1라운드만 잘 버텨봐. 난 당신한테 만 달러 걸었다구!"

조지 포먼은 관중의 야유에 아랑곳하지 않고 결의를 다졌다.

'땡.'

1라운드를 알리는 종이 울리자 포먼은 마우스피스를 꾹 물었다. 그러곤 두 주먹을 마주치며 링 중간으로 다가갔다. 마이클 무어는 초반에 경기를 끝내려는지 불도저처럼 밀고 들어왔다.

'퍽퍽퍽!'

서로의 머리와 어깨, 가슴을 치는 난타전이 벌어졌다. TV 중계 아나운서가 빨간색과 노란색 유니폼을 입은 두 명의 대머리 복서 경기를 지켜보며 흥분된 목소리로 중계를 이어갔다. 안타까운 시간이 흐르고 1라운드를 마치는 종소리가 울렸다. 자리로 돌아온 포먼이 숨을 헐떡였다.

"포먼, 정신 차리라고. 겨우 1라운드가 지났을 뿐이야. 할 수 있지?"

코치의 말에 포먼은 고개를 끄덕였다.

"그래, 그래. 지금처럼만 하자구. 저 애송이를 링 바닥에 때려 눕히는 거야. 자자, 숨을 들이마시라고."

조지 포먼은 코치의 말대로 숨을 크게 들이마셨다.

대다수 권투 평론가의 예상대로 포먼의 복귀전 초반은 시종 고전을 면치 못했다. 중반인 5라운드와 6라운드가 지나고 9라운드가 지나자 포먼의 체력은 급속도로 떨어졌다. 여기서 그만 포기해도 45세의 나이에 챔피언에 도전했다는 자체만으로도 대단한 이슈가 될 터였다. 하지만 포먼의 생각은 달랐다.

'여기서 포기하면 안 돼. 이 고통의 벽을 넘어야 해. 이 순간을 위해 20년을 견뎌왔어. 지더라도 마지막까지 가 보자.'

순간 포먼의 머릿속에 지난날이 주마등처럼 지나갔다.

조지 포먼은 1949년 1월 10일 텍사스 주 마셜에서 태어나 휴스턴에서 자랐다. 7남매 중 다섯째로 태어난 포먼은 중2 때 학교를 중퇴했지만 좋은 코치를 만난 덕분에 권투를 시작할 수 있었다. 1968년 멕시코 올림픽 헤비급에서 금메달을 획득한 그는 이듬해 프로로 전향했다.

프로 데뷔 후 포먼은 32전 32승 29KO라는 가공할 만한 실력을 보여주었다. 아무도 그의 적수가 되지 못했다. 한창 물이 오른 포먼은 1973년 헤비급 전설이었던 조 프레이저와 맞붙어 2라운드 1분 35초 만에 TKO 승을 거두면서 꿈에 그리던 세계 헤비급 타이틀을 획득했다. 모든 것을 다 가진 기분이었다.

하지만 기쁨은 오래가지 못했다. '나비처럼 날아 벌처럼 쏘는' 무함마드 알리에게 이듬해 타이틀을 빼앗겼다. 분하고 억울했다. 자신을 이길 수 있는 사람은 이 세상에 아무도 없다고 믿었기에 충격은 더욱 컸다.

"자신에게 가장 소중한 모든 것을 단 10초 만에 잃는다고 상상해 보라. 타이틀을 잃은 후 나는 오랫동안 분노가 가득 찬 사람으로 지냈다. 사람들은 인상이 험악해진 나를 보면 모두 무서워서 슬슬 피했다. 나는 마음의 깊은 상처로 고전하고 있었다. 나는 외톨이가 되어 혼자서 어떻게 살아야 할지 막막했다."

포먼은 알리에게 즉각 재경기를 요구했다. 이에 알리가 화답했다.

"조지 포먼은 조루 체력이다. 포먼과의 재경기는 내게 아무런 의미도 없다."

조지 포먼은 화가 났다. 분노한 그는 토론토에서 다섯 명을 상대로 벌인 5 대 1 복싱 매치에서 승리하며 자신의 체력이 약하지 않다는 것을 과시했다. 그리고 그 이후에 치른 경기가 역사상 최고의 명승부 중 하나로 꼽히는 론 라일과의 혈전이었다.

이 경기에서 포먼은 마치 알리에게 복수라도 하듯이 치열하게 싸웠다. 둘 다 당대 최고의 하드 펀처였던 까닭에 수차례 다운을 반복했다. 넘어지면 다시 일어서고를 반복하던 두 사람의 치열한 싸움은 결국 포먼의 승리로 끝났다.

자신감을 얻은 포먼은 지미 영이라는 무명 선수를 발판으로 다시 알리와 싸우기를 희망했다. 하지만 그 꿈은 물거품이 되고 말았다. 지미 영에게 일격을 맞고 쓰러졌다. 지미 영이 포먼의 챔피언 벨트를 뺏은 것이다.

빼앗긴 것은 챔피언 벨트만이 아니었다. 시합의 충격으로 인해 조지 포먼은 사경을 헤매는 지경까지 이르렀다. 포먼은 자의반 타의반으로 은퇴를 선언했다.

하루아침에 삶의 기쁨이자 동력이었던 권투를 하지 못하게 된 포먼이 선택한 것은 종교였다. 기독교에 귀의한 포먼은 10년간 목사로

새 삶을 살았지만 그토록 사랑했던 권투를 하루도 잊은 날이 없었다. 결국 그는 수년간의 공백을 깨고 링으로 복귀했다. 당시 그의 나이 38세였다.

돌아온 포먼은 더욱 강력해졌다. 홀리필드와의 경기 전까지 무려 24연승을 기록하며 그를 비웃었던 전문가들의 코를 납작하게 만들었다. 하지만 다시 은퇴를 선언했다.

"발이 움직이지 않아. 주먹도 예전 같지 않아."

세월 앞에 장사 없다고 했던가. 하루하루 달라지는 체력은 세계 챔피언도 비켜가지 않았다. 그로부터 7년 후 조지 포먼은 45세의 늦은 나이에 챔피언를 되찾기 위해 링에 오른 것이다.

다시 라스베이거스 MGM 그랜드가든의 특설 링.

10라운드 초침이 1분 10초를 가리킬 때 조지 포먼의 묵직한 훅이 무어의 얼굴을 강타했다.

'퍽.'

포먼의 주먹을 맞은 무어는 바닥에 그대로 주저앉았다. 예상치 못한 일격이었다. 무어는 일어나려고 안간힘을 썼다. 하지만 좀처럼 발이 말을 듣지 않았다. 조금 몸을 일으킨 무어는 털썩 바닥에 주저앉아 더는 일어서지 못했다.

"뭐해, 무어! 얼른 일어나!"

"할아버지 주먹에 맞고 쓰러지다니 믿을 수 없어!"

"저거 쇼하는 거야. 순 사기꾼 같으니라고!"

여기저기서 믿을 수 없다는 탄식과 환호가 이어졌다. 중계 아나운서가 놀랍다는 듯이 웃고 울며 그 소식을 전했다. 세계 복싱사에서 가장 극적인 드라마가 완성되는 순간이었다.

"링에서 한 번 다운 될 수 있다. 여러 번 다운 될 수도 있다. 권투선수라면 다운당하는 게 당연한 거 아닐까? 중요한 것은 또 일어서는 사람만이 챔피언이 될 수 있다는 것이다. 당신의 자녀에게 분명히 가르쳐야 한다. 인생의 링에서 얻어맞고 쓰러지더라도 다시 당당하게 일어서야 한다는 것을 말이다."

결국 포먼은 복귀 7년 만에 또 한 번의 신화와 기적을 일궈냈다.

경기가 끝난 후 그는 "나이가 많다고 어쩔 수 없이 틀에 박힌 삶을 사는 것이 아니라 본인의 마음먹기에 따라 얼마든지 새로운 인생을 창조할 수 있다는 것을 보여주려 했다"고 말했다.

조지 포먼은 1994년 45세 나이로 세계권투협회와 국제권투연맹 최고령 세계 챔피언 기록을 세웠다. 하지만 아쉽게도 이 기록은 17년 후인 2011년 버너드 홉킨스의 46세 4개월 때문에 깨지고 말았다.

포먼의 인생은 여기에서 끝나지 않았다. 사업가로 변신한 것이다. 1999년 주방용품 제조사인 샐튼에 자신의 이름을 빌려주는 대가로 1억 2750만 달러의 현금과 1000만 달러의 주식을 받았다. 후라이팬은 5500만 개가 팔렸고, 포먼은 프라이팬으로 2억 4000만 달러를 벌었다. 그가 권투선수 생활을 하면서 벌었던 돈의 3배 규모다. 요즘 미국 젊은 세대들은 핵주먹 권투선수인 포먼보다는 '조지 포먼 그릴'이라는 프라이팬 상표의 주인공 포먼을 더 잘 알고 있다.

"나는 종종 20년 넘게 다닌 직장에서 퇴출당하는 사람들에게 내 이야기를 해주면서 다시 시작해보라고 말한다. 내가 신체적, 정신적 어려움을 극복하고 권투계로 복귀해 재기에 성공했듯이 필요하면 만학도로 대학에 입학할 수 있음을 일깨워주고 싶기 때문이다. 나는 그들에게 이렇게 말해준다. 직장이 당신을 퇴출시키면 손해 보는 쪽은 회사일 뿐이다. 당신은 다른 일을 새롭게 시작할 수 있다. 희망이 전혀 보이지 않던 상황에서 살아나온 과거의 경험이 있지 않은가? 과거의 성공 경험을 떠올려 다시 성공하라!"

플러스 메시지

자존심을 잃지 않는 삶이 행복하다

　자존심(自尊心)은 남에게 굽힘이 없이 자기 스스로 높은 품위를 지키는 마음이다. 간혹 자만심(自慢心)과 비슷한 의미로 쓰이기는 하지만 그 속내는 전혀 다르다. 자존심이 스스로를 존귀하게 여기고 남들도 귀하게 인정해주는 것이라면, 자만심은 자기만 존귀하게 생각하고 남들은 하찮게 여기는 것이다. 조지 포먼은 건강한 삶을 살기 위해서는 자존심이 있어야 한다는 점을 강조했다.
　"만약 좋아하는 사람이 당신의 허리가 굵어서 당신을 싫어한다고 하면 어떻게 할 것인가? 허리 사이즈를 줄일 것인가? 만약 당신이 노력해서 날씬한 모습이 되었다고 그 사람이 좋아한다면 당신은 자존심도 없는 사람인가? 다른 사람의 사랑을 받기 위해 당신을 뜯어고

친다고? 그러지 마라. 오히려 당신 자신을 사랑하는 법을 배워라. 당신 자신과의 연애에 빠져들라. 거울에 비친 당신 자신의 모습을 보고 찬사를 보내라. 그러고 난 후 원한다면 당신만큼이나 당신에게 찬사를 보내는 사람을 찾아라."

자신감은 자신의 능력을 알며 주변 상황을 제대로 파악하고 통제할 능력이 있는 상태다. 이에 비해 자만심은 주변 상황을 객관적으로 보지 못하고 자신의 욕심대로만 보는 상태다. 자신감을 넘어 자만감이 넘칠 때를 조심해야 한다.

노자는 이렇게 말했다.

자기 분수를 알고 스스로 만족할 줄 아는 사람이 부자(知足者富)다."

You can't be too old to make a dream come true

"

나이를 탓하며 주저앉기엔
남은 인생의 기회가 너무 많습니다.
일어나세요. 당신도 할 수 있습니다.

"

레이트 블루머 ⑦ | 89세에 미국을 횡단한 도리스 해덕

나이를 탓하며 주저앉기엔 남은 인생의 기회가 많다

1999년 미국 북동부에 위치한 뉴햄프셔 주의 작은 시골 마을. 도리스 해덕$^{Doris\ Haddock}$ 할머니가 TV를 보고 있었다. 당시 할머니의 나이는 89세. TV에서는 미국 대통령 선거에 출마한 공화당 후보와 민주당 후보가 격렬한 토론을 벌이고 있었다.

"부시는 아버지에 이어 대통령이 되겠다고 나왔군."

도리스 해덕이 말하자 옆에 있던 아들이 말을 이었다.

"이번에는 민주당이 유리할 것 같아요. 빌 클린턴이 백악관에서 창피한 스캔들을 일으켰지만 부통령을 지낸 앨 그어는 왠지 믿음직스러워 보여요. 부시보다 젊고 얼굴도 잘생겼잖아요."

"누가 되든 이번에야말로 선거 자금 개혁이 이뤄져야 해!"

도리스 해덕은 89년을 살아오면서 미국의 선거 제도에 불만이 많았다. 그건 정치인이 기업과 부자에게 돈을 받아 선거를 치르고, 당선되면 이에 보답하기라도 하듯이 기업과 부자에게 특혜를 주는 것이었다.

"경찰관이 피의자로부터 커피 한 잔을 얻어 마셔도 문제가 된다. 하물며 정치인이 기업과 부자로부터 엄청난 자금을 받아서야 국사를 공명정대하게 처리할 수 있겠느냐."

하지만 할머니가 할 수 있는 일은 아무것도 없었다.

어느 날 아들이 한 가지 제안을 했다.

"어머니, 플로리다로 낚시를 가는데 함께 가시지 않겠어요?"

할머니는 영 내키지 않았다. 다리도 불편했고 만사가 귀찮았다.

그 순간 여동생이 플로리다에 살고 있다는 생각이 떠올랐다.

'아들 녀석이 꾀를 냈군. 그래, 동생도 볼 겸 바람이나 쐬고 오자.'

할머니와 아들은 플로리다로 향했다. 그곳으로 향하던 중 한 노인이 작은 가방을 메고 지팡이를 짚고 걸어가는 모습을 보았다. 할머니가 물었다.

"도대체 저 노인은 저기서 뭘 하고 있는 거지?"

아들이 대답했다.

"글쎄요. 마치 순례자처럼 어딘가로 떠나고 있는 것 같은데요."

아들은 농담처럼 말한 것이지만 할머니는 그때 한 가지 영감이 떠올랐다.

"아들아, 너도 알다시피 여든아홉 먹은 노인이 할 수 있는 것은 아무것도 없단다. 하지만 내가 걸어서 미국을 횡단한다면 국민에게 내 뜻과 메시지를 전할 수 있지 않을까?"

놀란 아들이 물었다.

"국민에게 무슨 메시지를 전하고 싶으신데요?"

"정치자금개혁법 말이다."

아들은 크게 놀라며 소리쳤다.

"어머니는 낼모레면 아흔 살이시라고요!"

하지만 아들은 어머니의 고집과 생각을 꺾을 수 없었다. 한 번 하기로 마음먹으면 행동으로 옮겨야 직성이 풀리는 성격이라는 것을 잘 알고 있었다. 할머니는 휴가 내내 구체적인 계획을 구상했다.

'젊은이도 어렵다는 국토 횡단을 과연 내가 할 수 있을까? 내 걸음으로 걷는다면 몇 개월, 아니 1년이 넘게 걸릴지도 몰라. 하지만 아무리 힘들고 어려워도 내 생각을 국민에게 전해야 해. 내가 세상을 바꿀 수는 없지만 세상을 바꾸자고 제안할 수는 있잖아. 그거면 됐어. 나머지는 하늘에 맡기자.'

며칠 후 할머니는 정경 유착과 정치 선거 자금에 항의하며 미국 횡단을 시작했다. 처음에는 반대했던 아들과 증손자들이 든든한 후원자가 되었다. 노환, 폐기종, 천식을 앓고 있던 키 150센티미터의 할머니는 캘리포니아에서 발대식을 가졌다. 하지만 할머니를 지지하는 사람은 가족을 포함해 극소수에 불과했다. 할머니는 여기서 멈추지 않고 크고 작은 도시에 들러 정경 유착을 금지하는 법률 제정을 요구했다.

"우리 세대에 이 더러운 정경 유착을 끊지 못하면 다음 세대에도 똑같은 고민을 해야 합니다. 우리에게는 좀 더 정직하고 나은 삶을 후세에 물려줄 의무와 책임이 있습니다."

할머니의 연설과 캠페인은 사람들의 입소문을 타고 미국 전역으로 퍼져나갔다. 각지에서 할머니를 응원하는 사람들이 늘어났다. 할머니가 지나가는 길가에는 주민이 몰려 나와 응원을 하고 함께 행진도 했다. 동네 의사들은 할머니의 건강을 체크하고 기꺼이 침식을 제공했다.

그해 1월 서부 캘리포니아 주 해안에서 출발한 할머니는 미국의 11개 주를 거치며 장장 4800킬로미터를 도보로 걸은 끝에 10월 말 동부의 워싱턴 D.C.에 도착했다. 국회의사당 앞에는 할머니를 응원하기 위해 수천 명의 사람이 모여 있었다.

"도리스 할머니, 당신이 진정한 영웅이오!"

할머니는 사람들을 향해 소리쳤다.

"정치인은 부정한 돈을 받아 선거 운동을 하지 마라!"

여기저기서 박수소리가 터져나왔다. 할머니가 말을 이었다.

"저의 목표는 우리와 정치 참여 사이에 끼어드는 탐욕과 부패의 세력을 완전히 물리치는 것입니다. 그러기 위해서는 모든 선거 자금을 일반 국민의 세금으로 충당해야 합니다. 또한 입후보자가 TV에 나와 자신의 생각을 밝히는 기회를 무료로 제공해야 합니다. 깨끗한 돈으로 국민의 대표를 뽑아야 이 나라가 고위 공직자의 부정부패에서 자유로울 수 있습니다."

할머니의 피 맺힌 절규는 다음 해 국회에서 뜨거운 논쟁이 되었다. 그리고 최소한 기업 자금의 일부가 미국 정치로 흘러가는 것을 막자는 취지의 법안을 통과시켰다. 아흔이 넘은 할머니의 목소리와 메시지에 정치인들도 항복한 것이다.

"나이를 탓하며 주저앉기엔 남은 인생의 기회가 너무 많습니다. 일어나세요. 당신도 할 수 있습니다."

도리스 할머니는 자신의 생각을 행동으로 보여줌으로써 많은 미국인에게 감동과 메시지를 전달했다.

플러스 메시지

무언가를 이루기에 늦은 나이란 없다

맥도날드의 창업자 레이 크록이 사업을 처음 시작한 나이는 53세였다. 창업 당시 그는 당뇨를 앓고 있었으며 각종 질병에 시달렸지만 매일 아침 직접 청소를 했다. 샘 월튼은 44세에 창업했으며, 커널 샌더스는 65세에 사업에 실패하고 KFC를 창업해 재기에 성공했다. 킹 질레트는 48세에 면도기의 대명사인 질레트를 창업했고, 메리 케이 애시는 45세에 메리 케이 화장품을 창업했다.

소설가 박완서는 40세에 등단했으며, 화가 폴 고갱이 증권거래소 직원의 보장된 삶을 버리고 티히티 섬으로 떠난 것은 43세 때였다. 영화 〈슈렉〉의 원작자이자 '카툰의 왕'이라 일컫는 윌리엄 스타이그는 60세가 넘어 동화작가가 되었다. 전북 완주에 사는 70세의 차사순 할머니는 2종 보통면허 운전 시험에서 무려 959번 떨어진 후 960번 만의 도전 끝에 면허증을 손에 넣었다.

이처럼 늦은 나이에 자신의 꿈을 이룩한 대기만성형의 사람을 '레이트 블루머'Late Bloomer라고 한다. 가능성을 스스로 닫지 않는다면 우리는 누구나 예쁜 꽃을 피울 수 있는 소중한 존재이다.

괴테는 다음과 같이 말했다.

"무엇인가 큰일을 성취하려고 한다면 나이를 먹어도 청년이 되어야 한다."

You can't be too old to make a dream come true

"

좋은 소리를 내지 않는 악기는 가차 없이 부숴버려라.
절대 우리 가문의 이름을 새겨 넣지 말라.
그리고 명심해라. 기술을 창조한 것은 신이지만,
그 기술을 살리는 것은 인간이다.

"

레이트 블루머 ⑧ | 94세까지 바이올린을 만든 명장 스트라디바리

장인의 진정한 정신은 말년에 드러나는 법이다

어느 추운 겨울, 영국 런던의 한 악기 전문점.

늦은 저녁 시간인 데다 찾는 손님도 없어 주인인 베츠 씨는 신문을 보며 무료한 시간을 보내고 있었다. 그러다 문득 창밖을 보니 남루한 차림의 여인이 가게 안을 기웃거리는 모습이 보였다. 베츠 씨는 지나가는 행인이나 걸인일 거라고 생각하며 신문으로 눈을 돌렸다.

그런데 한참을 망설이던 여인이 이윽고 문을 열고 들어왔다. 여인은 낡은 바이올린 하나를 들고 있었다.

"무슨 일로 오셨죠?"

베츠 씨는 심드렁하게 물었다.

그러자 여인이 바이올린을 내려놓으며 말했다.

"며칠 동안 아무것도 먹질 못해 배가 너무 고파요. 혹시 이 바이올린을 팔 수 있을까요? 값은 얼마라도 좋습니다."

베츠 씨는 여인의 초라한 행색에 적선하는 셈치고 1파운드를 건넸다. 물론 악기는 거들떠보지도 않았다. 그저 흔하디흔한 바이올린일 거라고 생각했기 때문이다.

"감사합니다, 감사합니다. 천사의 축복이 이 가게에 깃들 것입니다. 제가 간절히 기도하겠습니다."

1파운드를 받아든 여인은 연신 고개를 숙이며 고맙다는 인사를 하고 가게를 나섰다.

"말이라도 고맙군 그래. 휴, 안 그래도 요즘 경기가 좋지 않아 장사도 되지 않는데, 어디 돈 벼락이라도 떨어지지 않나."

여인이 떠난 후 베츠 씨는 낡은 바이올린을 흘긋 보고는 상태가 어떤지 한 번 켜보았다.

그런데 이게 웬일인가? 소리가 너무나도 좋았다. 고개를 갸웃하며 바이올린 속을 들여다본 베츠 씨는 깜짝 놀랐다.

'안토니오 스트라디바리 1704'[Antonio Stradivari 1704]

그건 바로 이탈리아의 악기 명장 안토니오 스트라디바리가 60세 때인 1704년에 만든 바이올린이었다. 실로 명품 중에 명품, 전설처럼 회자되는 천상의 악기였다.

베츠 씨는 황급히 밖으로 나가 여인을 찾았다. 하지만 여인의 모습은 이미 보이지 않았다.

단돈 1파운드에 구입한 이 바이올린은 훗날 경매 시장에서 무려 10만 달러에 팔렸으며, 현재 미국 워싱턴 국회도서관 박물관이 소장하고 있다.

이 일화에 나오는 바이올린을 만든 안토니오 스트라디바리는 1644년 이탈리아 크레모나에서 태어났다. 1737년 94세를 일기로 삶을 마감할 때까지 생애 대부분을 악기를 만드는 데 바쳤다. 평생에 걸쳐 1000여 개 바이올린 540개, 첼로 50개, 비올라 12개 등의 악기를 만든 것으로 알려졌으나 오늘날 실제 연주에 사용하는 것은 50여 개에 불과하다. 특히 그가 만든 바이올린은 한 개에 무려 20~30억 원을 호가할 정도로 비쌀뿐더러 많은 음악가들이 한 번쯤 연주해보고 싶어 하는 명기로 손꼽힌다.

지금도 그렇지만 17세기 당시 이탈리아 북부의 크레모나는 악기 생산지로 유명했다. 스트라디바리는 12세 무렵 유명한 악기 제작자 니콜로 아마티의 견습생으로 입문해 수업을 받았다.

아마티 가문은 이미 오래전부터 왕실과 귀족에게 바이올린을 비롯한 많은 악기를 제작해 공급하는, 이탈리아 최고의 악기 공방을 운영하고 있었다.

스트라디바리의 스승 니콜로 아마티는 제자들을 혹독하게 다루기로 유명했다. 제자들이 애써 만든 악기를 마음에 들지 않는다며 부수기 일쑤였고, 자기 기준에 못 미치는 견습생은 가차 없이 내쫓았다. 애제자 스트라디바리에게도 예외는 아니었다.

"장인 정신이 없는 놈들은 언제라도 저 문을 나가도 좋아!"

스승은 스트라디바리가 누구보다 뛰어난 장인의 재능을 가지고 있다는 것을 알고 있었다. 그러나 단 한 번도 그런 내색을 하지 않고, 오히려 더욱더 가혹하게 훈련시켰다.

"이건 소리의 울림이 너무 탁해!"

"이건 나무의 재질이 약해 몇 년 못 가서 갈라질 거야!"

"니스 칠이 엉망이잖아!"

그때마다 스트라디바리는 묵묵히 스승의 말에 귀를 기울였다.

바이올린의 앞판은 부드러운 가문비나무로 만들고, 딱딱한 뒤판과 옆판은 주로 단풍나무로 만들었다. 스승은 특히 나무를 고르는 기준이 매우 엄격했다. 그래서 추운 겨울에도 악기 제작에 쓸 목재를 구하기 위해 몇 달씩 알프스 산맥을 누비곤 했다.

당시는 전 지구적으로 간빙기였다. 이탈리아도 예외는 아니어서 한파가 극심했다. 너무 추워 나무들이 제대로 자라지 못할 정도였다. 그런데 겨우 살아남은 나무들은 악기 제작자들에게 최상의 목재를 제공했다. 추운 기후에서 자라는 속도가 느려 조직이 성글고 탄력이 높았기 때문이다.

스트라디바리는 40세 되는 해인 1684년 독립하기까지 무려 28년 동안 아마티 문하에서 혹독한 훈련을 받았다. 그동안 결혼도 하고 자녀도 여럿 두었다.

스트라디바리가 독립하려 하자 스승 아마티는 이렇게 말했다.

"세상은 악기를 만드는 자들로 넘쳐난다. 그러나 자기만의 악기를 만드는 사람은 드물다. 부디 너만의 악기를 만들길 바란다."

"네, 명심하겠습니다."

스승 아마티는 그 후 몇 달 만에 생을 마감했다.

스트라디바리는 스승의 말씀을 새겨듣고 밤을 낮 삼아 악기 제작에 몰두했다. 그러나 스승의 그늘 아래서 작업하는 것과 자신의 이름을 걸고 작업하는 것은 천지 차이였다. 그런데 다행인지 불행인지 스승 아마티의 죽음 이후 이탈리아 전역에서 주문이 쇄도하기 시작했다. 아마티의 수제자라는 명성을 인정받았던 것이다.

그때부터 스트라디바리는 스승의 영향에서 벗어나 서서히 자신만의 양식을 구축하기에 이르렀다. 요컨대 모양과 색채가 아름답고 음색이 매우 풍부하고 화려한 바이올린을 제작하기 시작한 것이다.

그런데 얼마 지나지 않아 아내가 병들어 죽고 말았다. 스트라디바리는 슬픔에 잠겨 악기 제작에서 손을 뗐다. 아무리 정성 들여 만들어도 예전과 같은 음색이 나오지 않았기 때문이다.

"차라리 제 영혼을 가져가소서!"

술과 여자를 탐닉하며 모든 걸 포기했다.

그때 외로움과 좌절 속에서 방황하던 스트라디바리에게 한 여인이 나타났다. 너무도 아름다운 여인은 그에게 새로운 용기와 희망을 안겨주었다. 특히 악기 제작에 대한 그의 열정을 누구보다 아끼고 사랑했다.

"난 기적 같은 건 믿지 않지만 당신을 만난 것은 정말 기적이야."

그렇게 해서 스트라디바리는 55세의 나이에 재혼해 새 가정을 꾸렸다. 스트라디바리는 두 번째 아내 잠벨리 코스타를 너무나도 사랑했다. 사랑의 결과는 새 생명의 탄생으로 이어졌다. 이듬해부터 64세까지 무려 다섯 명의 아들을 낳았다.

스트라디바리가 제작한 바이올린 중 오늘날까지 유명한 것들은 대부분 이 시기에 만든 것들이다. 그중 56세부터 76세까지 만든 작품이 가장 유명하다. 특히 76세 때 만든 바이올린은 얼마 전 무려 172억 원에 낙찰되어 큰 이슈가 되기도 했다. 요컨대 가정의 행복이 장인에게 최상의 명품을 만드는 환경을 제공한 것이다. 그제야 비로소 연륜이 쌓이고 쌓여 진정한 장인으로서 눈을 뜬 것이다.

세계적 바이올리니스트 정경화는 이렇게 말했다.

"스트라디바리우스와 과르네리는 정말 소중하고 탐나는 악기이다. 스트라디바리우스가 아무리 슬퍼도 너무 고고해서 차마 눈물을 보이지 못하는 귀족이라면, 과르네리는 울고 싶을 때 땅바닥에 퍼질러 앉아서 통곡할 수 있는 솔직하고 겸손한 농부라고 할 수 있다."

여기서 스트라디바리우스는 스트라디바리가 만든 악기를 통칭하는 이름이다. 그리고 과르네리는 아마티, 스트라디바리와 함께 세계 3대 악기 제작 공방으로 이름이 높은 가문의 창시자이다. 또한 스트라디바리와 비슷한 시기에 아마티의 문하에서 견습생으로 공부한 인물이기도 하다.

스트라디바리는 아흔이 넘어서까지 악기 제작에 심혈을 기울였다. 말년에는 기운이 딸려 오래도록 작업에 몰두할 수 없는 데다 눈도 침침하고 손도 떨려 아들들의 도움을 받아야 했다. 하지만 94세의 나이에 숨을 거둘 때까지 공방을 떠나지 않았다.

"좋은 소리를 내지 않는 악기는 가차 없이 부숴버려라. 절대 우리 가문의 이름을 새겨 넣지 말라. 그리고 명심해라. 기술을 창조한 것은 신이지만, 그 기술을 살리는 것은 인간이다."

그의 이 같은 마지막 유언은 진정한 장인만이 할 수 있는 영혼의 목소리였다.

플러스 메시지

가치 있는 사람이 되려고 힘써라

　성공한 인생이나 가치 있는 인생을 소망하지 않는 사람은 없다. 인간이라면 누구나 이러한 삶을 추구하기 때문이다.
　하지만 '성공'과 '가치'가 반드시 일치하는 것만은 아니다. 어떤 면에서는 동전의 양면 같은 개념으로 받아들여지기도 한다. 요컨대 오늘날의 경쟁 사회에서는 성공을 그야말로 신화처럼 받들지만 그렇다고 해서 거기에 우리가 진정으로 소망하는 '어떤' 가치가 깃들어 있는 것은 아니다.
　그래서 앨버트 아인슈타인은 이렇게 말했다.
　"성공한 사람이 아니라 가치 있는 사람이 되려고 힘써라."
　이른바 성공에 대한 환상은 모든 것을 피폐하게 만들기도 한다. 권력에 대한, 경제력에 대한, 명성에 대한 욕망을 성공의 필수조건으로 삼는 사람은 결국에는 인생의 '가치'를 잃는 경우가 많다.

반면 '가치'를 추구하는 사람은 성공과는 거리가 멀더라도 인생의 참다운 행복에 기뻐할 줄 아는 여유로움을 갖고 있다. 그렇다고 가치를 추구하는 사람이 반드시 성공하지 못하는 것은 아니다. 이를테면 무엇인가를 위해, 누군가를 위해 헌신하는 삶을 살면서도 얼마든지 성공할 수 있다.

인생의 우선순위를 성공보다 가치에 두는 삶, 아울러 그 가치를 통해 성공을 추구하는 삶. 인생의 진짜 행복은 여기에서 오는 것이 아닐까?

You can't be too old to make a dream come true

"

아무런 대가 없이 얻을 수 있는 것은 없습니다.
리스크를 감수할 수 있어야 합니다.
무모하게 달려드는 것과는 다릅니다.
그건 미친 짓이지요. 하지만 필요할 때가 되면
자신의 전부를 걸어야 합니다.
여러분이 무언가를 진정으로 믿는다면
그 목표를 향해 자신이 지닌 모든 것을
남김없이 쏟아부어야 합니다.
합당한 리스크를 받아들이는 것은
도전의 일부이자 즐거움입니다.

"

레이트 블루머 ⑨ | 52세에 맥도날드를 창업한 레이 크록

필요할 때가 되면
자신의 전부를 걸어야 한다

"아니, 저게 누구야?"

"빨리 가 봐. 웬 노인네가 마이크를 잡고 있잖아."

1974년 메이저리그 샌디에이고 파드리스의 홈구장에서 커다란 소동이 있었다. 구단주인 레이 크록이 장내 방송용 마이크를 통해 형편없는 경기력을 보인 선수단을 호되게 꾸짖었기 때문이다.

"저는 레이 크록입니다."

그는 팬들을 향해 말문을 열었다.

사람들이 웅성거리기 시작했다.

"좋은 소식과 나쁜 소식이 있습니다. 며칠 전 차베스 라빈 구장에

서 열린 LA 다저스와의 개막식에 온 관중보다 오늘 이곳에 온 관중이 1만 명이나 더 많습니다. 구장 크기도 그쪽이 더 큰데 말이죠. 이게 좋은 소식입니다. 나쁜 소식은 우리가 지금 여러분에게 형편없는 쇼를 보여드리고 있다는 겁니다."

레이 크록은 큰 소리로 말을 이었다.

"여러분께 사과드립니다. 저 역시 화가 납니다. 오늘 경기는 제가 여태껏 본 야구 경기 중에 최악입니다."

4만 명의 팬은 함성을 질렀고 기자들은 흥분했다.

소비자들은 돈을 지불한 대가로 양질의 서비스를 받아야 마땅하다는 것이 평소 레이 크록의 지론이었다. 마찬가지로 야구선수는 자신을 지지해주는 팬을 위해 최상의 경기를 보여줄 의무가 있다고 생각했다.

이날의 소동으로 인해 메이저리그에는 새로운 규정이 생겼다. 아나운서 외에는 어느 누구도 경기 중 장내 방송 시설을 이용할 수 없게 된 것이다.

그날 레이 크록이 보인 돌발적인 행동과 분노에 대한 반응은 찬반양론으로 엇갈렸다. 신문 칼럼니스트들은 전대미문의 기이한 사건에 대한 해설을 쓰느라 분주했고 TV 평론가들은 몇 번이고 토론을 거듭했다.

"패배하는 것은 잘못이 아니지만 최선을 다하지 않는 것은 커다란 잘못이다."

프로 선수에게 이런 잣대를 적용하는 것이 과연 적합한지를 놓고 여러 유명 선수들이 자신의 의견을 밝혔다. 휴스턴 에스트로스의 3루수 더그 레이더는 이렇게 말했다.

"어디다 대고 그런 말을 하는지 모르겠다. 우리가 즉석요리나 만드는 요리사인 줄 아는가?"

레이 크록은 언론을 상대로 레이더가 모든 즉석요리사를 모욕했다고 반박했다. 그리고 폭탄선언을 했다.

"샌디에이고의 즉석요리사 전부를 다음번 휴스턴과의 홈 연속 경기 개막전에 초대하겠습니다. 요리사 모자만 쓰고 오면 무조건 무료 입장입니다."

경기 당일, 요리사 모자를 쓴 수천 명의 입장객은 모두 3루 쪽 좌석을 배정받았다. 경기 시작 전에는 요리사 모자를 홈 플레이트에 갖다 놓기도 했다. 레이 크록은 여기서 그치지 않고 월드 하키 리그의 샌디에이고 마리너스를 매입했다.

하루는 재계 인사들이 참석하는 어떤 모임에서 연설을 했다. 말을 마치고 내려오는데 한 사람이 일어나더니 이렇게 말했다.

"크록 씨에게 저런 열정과 기백이 있다니 놀랍지 않습니까? 아시다시피 크록 씨는 맥도날드 주식을 400만 주나 보유했고, 주가는 또 5달러나 올랐는데 말이지요."

레이 크록은 당황하지 않고 마이크에 대고 이렇게 대답했다.

"그래서 뭐가 어떻다는 거죠? 다른 사람들과 마찬가지로 나 역시 한 번에 신을 수 있는 구두는 한 켤레뿐입니다."

박수 갈채가 쏟아졌다.

오늘날 전 세계 120여 개국에서 3만 1000개의 매장을 거느린 세계적인 다국적 기업 맥도날드의 창업자 레이 크록은 두둑한 배짱과 자신의 직관을 믿은 경영인이었다. 무엇보다 자신을 존중하고 사랑했다. 〈타임〉이 선정한 '20세기의 가장 중요한 인물 100인'이자 일본 최고 갑부인 손정의와 야나이 다다시 유니클로 회장이 인생의 바이블로 삼은 책《성공은 쓰레기통 속에 있다》Grinding it Out의 저자 레이 크록, 그의 신화는 어떻게 만들어진 것일까?

레이 크록은 1902년 시카고의 경계 바로 서쪽에 위치한 오크파크에서 태어났다. 고등학교를 중퇴한 그는 일주일에 35달러를 받으며 종이컵을 팔고 아르바이트로 피아노를 연주해 아내와 딸아이를 먹여 살렸다. 애국심도 투철했다. 전쟁에 참여해 적십자의 구급차 운전기사가 되었다. 당시 그의 동료 중에는 월트 디즈니와 같은 고향 출신의 헤밍웨이가 있었다.

릴리 튤립 컵 컴퍼니에서 17년간 종이컵을 판매하는 동안 회사 내의 세일즈 부문에서 최고 자리에 올랐다. 레이 크록의 인생이 바뀐 것은 멀티믹서라는, 6개의 회전축이 달린 기괴한 밀크셰이크 제조기를 본 순간이었다. 레이 크록의 눈동자가 빛났다. 새로운 기회가 다가왔음을 직감한 것이다.

'바로 이거야. 나한테도 드디어 기회가 온 거야.'

레이 크록은 보수가 좋은 직장을 그만두고 멀티믹서기 판매를 시작했다. 판매 대상은 미국 전역의 드러그 스토어, 소다수 판매점, 데어리 숍 등이었다. 힘들었지만 그만큼 보람도 있었다. 그는 일을 즐기는 한편, 또 다른 기회에도 주의를 기울였다.

"푸르다는 것은 아직 성장하고 있다는 뜻이다. 완전히 성숙하면 그때부터는 부패하기 마련이다."

그는 이 말을 좌우명으로 삼았다.

전국 각지에서 멀티믹서를 구입하려는 고객들의 전화가 쇄도할 즈음, 많은 주인에게 똑같은 내용의 주문을 받았다. 사실상 그들의 메시지는 한 가지였다.

"캘리포니아 샌버너디노의 맥도날드 형제가 쓰는 것과 똑같은 믹서를 사용하고 싶소."

레이 크록의 호기심은 점점 커졌다.

'맥도날드 형제란 사람들은 누굴까? 비슷한 멀티믹서가 각지에 많이 보급되었는데, 사람들이 굳이 맥도날드 형제가 쓰는 제품에 주목하게 된 이유는 무엇일까? 여기에는 분명히 숨겨진 비밀이 있을 것이다. 난 그것을 알아내야 한다.'

궁금증을 풀기 위해 조사에 나선 레이 크록은 놀라운 사실을 발견했다. 맥도날드 형제는 멀티믹서를 한 대가 아닌 무려 8대나 보유하고 있었다! 그건 8대의 멀티믹서로 한 번에 40개의 셰이크를 만들어낸다는 뜻이었다.

좀처럼 믿기지 않는 일이었다. 그 믹서는 대당 150달러에 판매되었는데, 1954년 당시로서는 결코 적지 않은 금액이었다. 더욱 놀라운 점은 그들 형제가 자리 잡은 곳이 샌버너디노였다는 사실이다. 그 무렵 샌버너디노는 사실상 사막 한가운데 있는 한산한 소도시에 불과했다.

 레이 크록은 당장 비행기를 타고 LA로 날아갔다. 그리고 충격적인 장면을 목격했다. 식당 앞에는 사람들이 길게 줄을 서 있고, 주차장은 빈틈없이 가득 차 있었다. 무엇보다 주문 창구에서 햄버거가 든 봉투를 받아들고 자동차로 향하는 손님들의 행렬이 끝없이 이어졌다. 레이 크록은 어느 타자도 칠 수 없는 공을 던질 수 있게 된 투수처럼 짜릿한 흥분이 밀려왔다.

 '이 레스토랑은 내가 일찍이 본 적 없는 놀라운 방식으로 영업을 하고 있구나.'

 2시 30분이 되자 그 많던 인파도 사라지고 이따금 한두 명의 손님만 올 정도로 한산해졌다. 레스토랑으로 들어간 그는 맥 맥도날드와 딕 맥도날드에게 자신을 소개했다. 그들은 레이 크록을 '미스터 멀티믹서'라고 부르며 무척 반가워했다.

 그날 밤 모텔 방에서 레이 크록은 낮에 본 것들에 관해 이런저런 생각을 거듭했다. 맥도날드 레스토랑이 미국 전역의 주요 교차로마다 하나씩 들어서는 광경이 머릿속을 온통 가득 채웠다. 모든 매장에서 8대의 멀티믹서를 쉴 새 없이 가동하고, 주머니에는 끊임없이 돈이 가득 차는 풍경이 그려졌다. 그는 또다시 기회가 왔다고 생각했다. 그리고 그것을 놓치고 싶지 않았다.

 '절대로, 절대로 놓쳐서는 안 돼.'

 1954년 비행기를 타고 시카고로 돌아오던 그 운명의 날에 레이 크록의 서류 가방에는 갓 서명한 맥도날드 형제의 계약서가 들어 있었다. 하지만 그는 비즈니스라는 전쟁터에서 잔뼈가 굵은 상처 입은 노병이었다. 당시 그의 나이는 52세였다. 당뇨병에 관절염 초기 증상도 있었다.

치열한 전투를 거치며 갑상선 대부분과 담낭도 잃었다. 하지만 그는 인생의 절정기는 아직 시작되지 않았다고 생각했다.

"나는 여전히 '푸른' 미숙한 인간이고 성장하는 중이다. 온 힘을 다해 전념한다면 이루지 못할 일은 없다."

그리고 수많은 우여곡절 끝에 상표권과 상호권 등 맥도날드의 모든 권리를 사들였다. 천문학적인 금액이 맥도날드 형제에게 들어갔음은 물론이다. 하지만 그가 소유하게 될 어마어마한 주식과 돈에 비하면 그건 새 발의 피였다.

레이 크록은 자신의 눈앞에 나타난 기회를 직관적으로 알아차리는 능력과 힘을 키웠다. 작은 기회라도 결코 놓치지 않았다. 그리고 그 기회에 자신의 전부를 걸었다. 그것만이 온전한 살 길이라고 생각했고, 자신이 남을 이길 수 있는 유일한 무기라고 생각했다.

1976년 3월 다트머스 칼리지의 대학원생 앞에서 행한 연설은 레이 크록의 도전 정신과 인생관을 잘 나타낸다.

"아무런 대가 없이 얻을 수 있는 것은 없습니다. 리스크를 감수할 수 있어야 합니다. 무모하게 달려드는 것과는 다릅니다. 그건 미친 짓이지요. 하지만 필요할 때가 되면 자신의 전부를 걸어야 합니다. 여러분이 무언가를 진정으로 믿는다면 그 목표를 향해 자신이 지닌 모든 것을 남김없이 쏟아부어야 합니다. 합당한 리스크를 받아들이는 것은 도전의 일부이자 즐거움입니다."

무엇보다 그는 디테일을 강조했다.

"이따금 한밤중에 기막힌 아이디어가 떠오르는 경우도 있습니다. 포괄적이면서 완벽해 보이는 아이디어라고 생각했는데 다음 날 환한 빛 아래서 다시 생각해보면 간밤의 생각은 현실성이 부족한, 공상에 가까운 계획이었음이 매번 드러납니다. 대개의 경우 그 이유는 작지만 필수적인 세부 사항이 뒷받침되지 않았기 때문입니다. 그래서 저는 세부를 중시합니다. 사업에 성공하길 바란다면 반드시 그 기초를 형성하는 모든 세세한 부분을 완벽하게 준비해야 합니다."

레이 크록은 1984년 1월 14일 심장마비로 82세의 생을 마감할 때까지 한순간도 멈추지 않고 계속 일했다. 어쩔 수 없이 휠체어 신세를 져야 했던 마지막 몇 년 동안에도 거의 날마다 샌디에이고의 사무실로 출근했다.

1983년 12월 〈에스콰이어〉는 20세기 미국인의 생활 방식에 위대한 기여를 한 50여 명 중 한 명으로 레이 크록을 선정함으로써 그에게 경의를 표했다.

유명 작가 톰 로빈스는 맥도날드의 사회적 영향력에 대해 이렇게 적었다.

"콜럼버스는 미국을 발견했고, 제퍼슨은 미국을 세웠으며, 레이 크록은 미국을 '맥도날드화'했다. 이 나라의 대표적인 분위기를 형성한 것은 전능한 컴퓨터도, 아무도 막을 수 없는 무기 체계도, 정치 혁명도, 예술 사조도, 혹은 유전자 변형 약물도 아니다. 그것은 다름 아닌 햄버거였다. 이 얼마나 멋진 일인가!"

　기회가 와도 그것을 알아차리지 못하는 사람은 결코 성공할 수 없다. 기회가 왔다가 지나갔는지도 모르는 사람도 많다. 기회를 포착하기 위해서는 뇌와 가슴이 예민하게 반응하도록 하는 훈련도 필요하다. 레이 크록은 자신에게 찾아온 몇 번의 기회를 결코 놓치지 않았다. 작은 기회를 큰 성공으로 만들었다.

플러스 메시지

실수와 실패는 기회의 또 다른 이름이다

실수는 또 다른 혁신이나 신제품 탄생이 될 수도 있다.
우리가 많이 쓰는 포스트잇은 실수의 산물이다. 1970년대 3M사에 근무하던 스펜서 실버라는 과학자가 접착용 풀을 개발하다 원료를 잘못 섞는 바람에 탄생했다. 이 연구는 실수로 끝날 수도 있었지만 다행히 아서 프라이라는 동료 때문에 세상에 빛을 봤다. 교회에서 합창단 활동을 하던 그는 부를 찬송가 페이지를 표시하기 위해 종이를 끼워뒀지만 자주 빠졌다. 그때 '붙였다 뗐다 할 수 있는 종이가 있으면 좋겠다'고 생각한 그는 문득 스펜서 실버의 실패작을 떠올렸다. 현재 포스트잇은 전 세계 사람들의 필수적인 문구로 자리를 잡았다.
우리가 즐겨 마시는 버드아이스도 실수로 태어났다. 추운 겨울날

한 직원이 실수로 맥주통을 밖에 내놨는데, 버리기 아까워서 한 잔을 마셨다. 그런데 그 맛이 오묘하고 기가 막혔다. 그리고 이 맥주는 정식으로 출시되어 지금까지도 많은 사람의 사랑을 받고 있다.

"우리가 한 일 중에서 단 1퍼센트만 성공이라는 이름으로 불리고, 나머지 99퍼센트는 실패로 불립니다."

1974년 혼다의 창업자 혼다 소이치로^{本田宗一郎}가 미국에서 박사 학위를 받으며 한 말이다.

실수와 실패를 두려워하지 말라. 실패는 자신이 무언가를 만들었다는 뜻이다. 무엇을 만들었는지 잘 살펴보고 자신과 대화를 나누어라. 그 속에 답이 있다.

3부

꿈을 찾기 위해서는
하나의 세계를 깨뜨려야 한다

You can't be too old to make a dream come true

"

이곳에서 중졸자들이 대졸자에 대해 갖는 의식이
내가 그들에게 가지고 있었던 열등감과
큰 차이가 없음을 알았다.
전문학교 졸업자는 대졸자에게,
사립대 졸업자는 도쿄대 졸업자에게
각기 다른 열등감 같은 것을 가지고 있다는 것을 알았다.
나는 다소 마음이 평안해졌다.

"

레이트 블루머 ⑩ | 47세에 작가가 된 마쓰모토 세이초

조금 늦더라도
남들이 가지 않는 길을 가라

　기타큐슈의 작은 마을에서 태어난 마쓰모토 세이초는 소학교만 마치고 일을 해야 했다. 가난한 집안을 부양하기 위해 작은 전기 회사의 급사로 들어간 그가 벗 삼은 것은 책 읽기였다. 당대 최고의 작가로 추앙받고 있던 모리 오가이, 아쿠타가와 류노스케, 에드거 앨런 포 등의 소설을 닥치는 대로 읽었다. 그의 꿈은 신문기자가 되는 것이었다. 아버지에게 자신의 포부를 이야기하자 비아냥이 날아왔다.

　"소학교밖에 나오지 않은 놈이 신문기자는 무슨…."
　"전 꼭 신문기자가 되어서 제가 원하는 글을 마음대로 쓰고 싶습니다."

"신문기자를 하려면 대학을 졸업해야 해! 우리 집에는 널 가르칠 만한 돈이 없어. 또 글은 아무나 쓰는 줄 알아? 세상물정 모르는 놈 같으니라고."

하지만 세이초는 포기하지 않았다.

'나는 평생 글을 쓰고 싶어. 그러려면 내 꿈과 너무 먼 직업을 선택해선 안 돼.'

전기 회사를 그만둔 세이초는 인쇄소의 석판공이 되어 자신의 꿈을 하나둘씩 쌓아갔다. 일이 끝나면 유명 작가의 책을 읽고 자신만의 글을 썼다. 그러던 어느 날, 세이초가 빨갱이로 몰려 연행되는 사건이 벌어졌다.

"전 빨갱이가 아니에요. 단지 호기심에 책을 읽었을 뿐입니다."

불온 잡지를 구입했다는 이유였다. 그때 그의 나이 열아홉이었다.

"어서 불어! 그러지 않으면 넌 여기에서 살아 나갈 수 없어!"

"전 정말 아닙니다. 아무것도 모릅니다. 제발 살려주세요."

"싹수가 노란 놈. 스무 살도 되지 않은 놈이 벌써부터 빨갱이 짓이나 하고. 너 같은 놈은 대일본제국의 시민이 될 자격이 없어. 어서 네 놈들의 조직을 불란 말이야!"

열흘에 걸친 혹독한 고문이 이어졌다. 심신이 지칠 대로 지친 세이초는 결국 무혐의로 풀려났지만, 이 수감 체험은 그에게 잔혹한 기억으로 남았다.

집으로 돌아온 세이초에겐 더 큰 시련이 놓여 있었다.

"오늘부터 네놈은 어떤 책도 읽지 마라!"

청천벽력 같은 금독령이었다.

"아버지, 제발 그 책들만은…."

"시끄럽다. 이게 다 책 때문이다."

아버지는 세이초의 책들을 꺼내 아궁이 속으로 던져버렸다.

세이초는 자신의 목숨과도 같은 책들이 잿더미가 되는 것을 보고 입술을 꽉 깨물었다.

'언젠가는 꼭 내 글을 마음대로 쓸 수 있는 작가가 될 거야.'

그렇게 작가의 꿈을 가슴에 품은 세이초는 어느덧 스물일곱 살이 되었다. 우치다 나요와 결혼해 한 가정의 가장이 된 그에게 마침내 기회가 찾아왔다. 〈아사히신문〉 규슈 지사가 세이초의 고향인 고쿠라로 이전하게 된 것. 세이초는 이 기회를 놓치지 않았다. 그는 편집장에게 직접 편지를 썼다.

"안녕하세요, 저는 마쓰모토 세이초라고 합니다. 저는 집안이 가난해 소학교밖에 다니지 않았습니다. 하지만 누구보다 많은 책을 읽고 글을 써왔습니다. 어릴 적부터 신문기자가 되는 게 저의 꿈이었습니다. 제게 기회를 주신다면 〈아사히신문〉을 위해 제 목숨을 바쳐 열심히 일하겠습니다."

결국 그의 진심은 통했다. 신문사에서 일을 할 수 있게 된 것이다. 대졸 사원에 비해 심한 차별이 있었지만 그는 굳건하게 버텼다. 당시의 상황을 그는 이렇게 회고했다.

"〈아사히신문〉에 들어간 후 학력에 따른 차별 대우를 분명히 목격했다. 당시 〈아사히신문〉에는 사원 신분으로 세 계급이 있었다. 사원,

준사원, 임시 직원. 대체로 임시 직원은 소학교나 중학교 졸업자, 준사원은 전문학교 졸업자, 사원은 대학 졸업자였다. 준사원 이상과 임시 직원은 매사 대우가 달랐다. 예를 들어 월급날이 달랐고 강당에서 사원집회를 할 때도 임시직원은 참석할 수가 없었다. 이곳에서 중졸자들이 대졸자에 대해 갖는 의식이 내가 그들에게 가지고 있던 열등감과 큰 차이가 없음을 알았다. 전문학교 졸업자는 대졸자에게, 사립대 졸업자는 도쿄대 졸업자에게 각기 다른 열등감 같은 것을 가지고 있다는 것을 알았다. 나는 다소 마음이 평안해졌다."

그렇게 세이초는 이곳에서 20년 동안 일했다. 전쟁과 패망을 겪은 그는 40세가 되었다. 그사이에 자식은 네 명으로 늘어나 부모님까지 여덟 식구를 부양해야 하는 고달픈 가장이었지만 그에게는 어떤 희망도 보이지 않았다. 하지만 작가가 되겠다는 그의 꿈만은 퇴색하지 않았다. 그리고 마흔한 살이라는 늦은 나이에 작가로 입문했다. 그의 노력은 헛되지 않아 아쿠타가와상이라는 일본 최고의 문학상을 수상했다. 이때부터 그는 전업 작가로 들어섰는데, 그때 나이 마흔일곱 살이었다.

"공부하며 쓰고, 쓰면서 공부한다."

그 후부터 1년에 30편이 넘는 작품을 발표하는 등 왕성한 활동을 펼쳤다. 마쓰모토 세이초는 작가 생활 40년 동안 100여 편의 장편소설과 350여 편의 중단편 소설, 에세이를 비롯해 거의 1000여 편의 글을 썼다. 단행본으로 따지면 700여 권에 이르는 방대한 분량이다. 그의 작품은 일본인들에게 많은 사랑을 받았다. 1년에 2~4편씩은 꼭 드라마로 만들어지는 것으로 유명하다. 2012년까지 영화로 만들어진 작품이 36편, TV 드라마로 나온 것이 460여 편에 달한다.

세이초는 소설뿐만 아니라 논픽션, 고대사, 평전, 현대사 등 수많은 분야의 글을 썼다. 늦게 데뷔한 만큼 매일매일을 전력투구하듯 작품을 써내려갔기 때문이다. 이와 관련해 마쓰모토 세이초 기념관 관장인 후지이 야스에는 이렇게 말했다.

"미스터리, 시대 소설, 현대사, 고대사 등 한 사람의 두뇌에서 이렇게 폭넓고 깊이 있는 작업이 동시에 이루어질 수 있을까? 그것은 누구라도 쉬 믿지 못할 모습이었다. 그래서 유령 작가가 따로 있다느니, 집필 공방이 있다느니 하는 풍문이 나돌았으리라."

트릭이나 동기를 중시하던 추리소설이 인기를 끌던 당시, 세이초는 동기의 묘사에 중점을 두고 추리소설에 사회성을 추가했다. 세이초의 이러한 새로운 경향의 '사회파 추리소설'은 언론의 환영을 받기에 충분했다. 아울러 그의 작풍(作風)은 현재까지 미야베 미유키를 비롯해 기리노 나쓰오, 다카무라 가오루, 히가시노 게이고 등의 작가로 이어지고 있다. 특히 미야베 미유키는 마쓰모토 세이초의 '장녀'로 일컬어지고 있으며 '아버지' 뒤를 이어 현대 일본 사회파 미스터리의 맥을 잇고 있다.

플러스 메시지

인생은 한 권의 책과 같다

"인생은 한 권의 책과 같다. 어리석은 이는 그것을 마구 넘겨버리지만 현명한 인간은 열심히 읽는다. 단 한 번밖에 인생을 읽지 못한다는 것을 알고 있기 때문이다."

독일의 소설가 장 파울의 말이다. 살아가다 보면 옆을 돌아보지 않고 오직 앞만 보고 달릴 때가 있다. 심지어는 뒤도 돌아보지 않고 달려나간다. '빨리 빨리' 문화가 강한 한국에서는 뭐든지 초스피드로 끝을 맺으려고 한다. 하지만 가끔씩은 가던 길을 잠시 멈추고 주위를 살펴볼 필요가 있다. 성취와 속도에 매몰되어 목표와 방향을 벗어나지 않았는지 점검해봐야 한다. 한 번 왔던 길은 되돌아갈 수 없는 것이 인생사이기 때문이다.

인생이라는 책 속에는 많은 것이 숨겨져 있다. 희망을 들려주기도 하고, 좌절과 절망을 들려주기도 한다. 때로는 일과 가정의 소중함을 들려주기도 하고, 자연의 아름다움과 삶의 기쁨을 노래하기도 한다. 일생을 바꾸어놓을 만한 문장을 발견하기도 하고, 인생의 좌표로 삼을 만한 여러 사람의 지혜와 교훈도 담겨 있다.

You can't be too old to make a dream come true

"
한 사람의 인생에서 가장 중요한 순간이자
사건인 결혼식과 장례식의 하객 평균이
250명이라는 것은 결코 우연이 아니야.
결국 한 사람의 일생이라는 건
250명의 테두리 안에서 움직이는 거야.
"

레이트 블루머 ⑪ | 40개의 직업을 전전한 자동차 판매왕 조 지라드

신뢰와 믿음이 없으면
꿈도 미래도 없다

조 지라드^{Joe Girad}는 15년간 1만 3000대 이상의 자동차를 판매해 '자동차 명예의 전당'에 오른 유일한 세일즈맨이며 기네스북에도 올랐다. 그는 12년 연속 판매왕 자리를 차지했는데, 하루 평균 6대를 팔았다. 하지만 그는 35세까지 실패한 낙오자였다. 이탈리아 시칠리아에서 술주정뱅이 아버지의 자식으로 태어난 그의 첫 직업은 구두닦이였고, 그 후 40개의 직업을 전전했다.

'이제 나도 한 직장에 정착할 때가 되었어.'

조 지라드는 쉐보레 자동차 판매 사원으로 취직했다. 초기의 실적은 저조했다. 밑바닥 인생을 전전해온 그에게 자동차를 구입할 만큼의 여

유를 가진 인맥이 있을 리 만무했다. 조 지라드는 몇 달 동안 자동차를 한 대도 팔지 못했다.

그러던 어느 날 전화가 걸려왔다.

"조, 집으로 얼른 와야겠구나. 어제 새벽에 친척 아주머니가 돌아가셨단다."

조는 가족들과 함께 장례식장으로 향했다. 장례식장에는 이미 많은 사람이 와 있었다. 검은 옷을 입은 문상객을 보며 조는 생각했다.

'저 사람들이 모두 내 고객이었으면 얼마나 좋을까. 자동차 한 대씩만 팔아도….'

그때 문득 스치고 지나가는 생각이 있었다. 조는 직원에게 달려가 물었다.

"오늘 참석한 문상객이 몇 분이시죠?"

직원이 대답했다.

"한 250명 정도 됩니다."

며칠 후, 조는 친한 장의사로부터 뜻밖의 이야기를 들었다.

"차이는 있지만 대개 장례식에는 250명 정도의 하객이 온다네."

조는 고개를 끄덕였다.

몇 달 후, 이번에는 친척의 결혼식이 있었다. 호기심이 발동한 조는 그 결혼식장의 담당자를 찾아가 물었다.

"결혼 하객들이 평균 얼마나 됩니까?"

담당자는 웃으면서 대답했다.

"차이는 있지만 대개 신랑 측 250명, 신부 측 250명 정도 됩니다."

순간 조는 입가에 웃음을 머금었다.

'한 사람의 인생에서 가장 중요한 순간이자 사건인 결혼식과 장례식의 하객 평균이 250명이라는 것은 결코 우연이 아니야. 결국 한 사람의 일생이라는 건 250명의 테두리 안에서 움직이는 거야.'

조는 이러한 수치를 자기 주변에 영향을 미칠 수 있는 사람은 대략 250명 정도라는 의미로 받아들였다. 사람은 누구나 250명 정도에게 영향을 미칠 수 있으므로 자신에게 만족한 고객은 주변의 250명에게 좋은 영향을 미치고, 불만족한 고객은 250명에게 나쁜 영향을 미치게 된다는 것을 깨달은 것이다. 이게 바로 그 유명한 '조 지라드의 250명 법칙'이다.

"한 사람에게 신뢰를 잃으면 그것은 곧 250명의 고객을 잃는 것과 마찬가지야!"

조는 이러한 신념으로 고객 한 사람 한 사람을 귀빈으로 정성껏 모셨다. 그 결과 고객들로부터 무한한 신뢰를 얻었고 조의 명성은 더욱 높아져만 갔다. 조가 이룩한 15년간 1만 3000만 대 판매 기록은 아직까지 깨지지 않고 있다.

플러스 메시지

약속은 신뢰와 믿음을 자라게 한다

   나무는 한 번 자리를 잡으면 평생을 움직이지 않는다. 시간이 지날수록 뿌리는 더욱 깊어지고 가지는 하늘을 향해 치솟는다. 인간의 신뢰와 믿음도 이와 같다. 신뢰와 믿음이 자라지 않는 나무가 되어서는 안 된다. 한 번 뿌리를 내린 불신과 나쁜 평판은 250명의 사람을 잃게 만들 것이다.
   자신의 꿈을 이루기 위해서는 어떤 사람을 만나더라도 신뢰와 믿음을 잃지 말아야 한다. 한 사람에게 신뢰와 믿음을 얻는다는 것은 곧 250명을 얻는 것과 똑같다는 사실을 잊지 말아야 한다.
   신뢰와 믿음을 잃지 않기 위해서는 무엇보다 약속을 지키는 것이 중요하다. 앤드루 카네기의 말이다.

"아무리 보잘것없는 약속일지라도 상대방이 감탄할 정도로 정확히 지켜야 한다. 신용과 체면 못지않게 중요하지만 약속을 어기면 그만큼 서로의 믿음이 약해진다. 그러므로 약속은 꼭 지켜야 한다."

다른 사람과의 약속을 지키는 것은 신뢰와 명예, 눈치 때문에 그다지 어렵지 않다. 하지만 자신과의 약속을 지키는 것은 생각보다 쉽지 않다. 작심삼일이 되기 일쑤이다. 처벌이나 규제가 없어 더욱 그러하다. 하지만 자기 혼자 한 약속이라도 꼭 지키려고 노력하다 보면 어느새 좋은 습관이 된다. 이런 습관이 생기면 다른 사람들과의 약속도 잘 지킬 수 있다. 자신과의 약속은 남과 한 약속보다 더욱 지키려고 노력하는 사람, 그 사람의 미래가 어두울 리는 없다.

You can't be too old to make a dream come true

"

가장 중요한 것은
자기 내부에서 빛이 꺼지지 않도록
노력하는 일이다.
안에 빛이 있으면
스스로 밖이 빛나는 법이다.

"

레이트 블루머 ⑫ | 91세까지 인류에 봉사한 성자 알베르트 슈바이처

섬기는 법을 발견한 사람은 행복을 안고 산다

1965년 9월 몇 명의 의사와 간호사 그리고 중년의 한 여인이 지켜보는 가운데 백발에 흰 콧수염이 인상적인 깡마른 노인이 누추한 병실 침상에 누워 거친 숨을 몰아쉬고 있었다.

"레나, 내가 죽으면…… 헬렌 곁에 묻어주렴."

헬렌은 8년 전 죽은 노인의 아내였다. 노인은 평생을 동반자로 살아온 아내를 누구보다 사랑했다. 자신의 두모한 열정을 아내보다 더 잘 이해하고 격려해준 사람은 없었다. 아내가 있었기에 모든 고초를 견디고 굳건하게 뜻을 펼칠 수 있었다.

사경을 헤매던 노인은 문득 20대의 파릇파릇하고 아름답던 아내의

얼굴이 떠올랐다.

"저는 언제까지고 당신을 응원할 거예요. 자신을 희생하고 봉사하는 삶이야말로 제가 지금껏 꿈꾸던 것이었어요."

아프리카로 가서 원주민을 돕겠다는 그의 말에 아내는 이렇게 말했었다.

아내의 얼굴이 아른거리는가 싶더니 이내 눈앞이 캄캄해졌다. 다시 혼수상태에 빠진 것이다.

"박사님, 제 말이 들리십니까?"

"아빠, 눈을 떠보세요."

하지만 노인은 좀처럼 의식을 회복하지 못했다. 병실 밖에서는 많은 원주민이 모여 노인이 쾌차하기를 기도하고 있었다.

"오강가, 오강가, 제발 일어나세요."

이윽고 밤이 깊었다. 노인이 한 차례 깊은 숨을 토해내더니 문득 눈을 떴다. 그러고는 병실 한쪽에 있는 작은 피아노 쪽으로 힘겹게 시선을 주었다.

순간 아버지의 마음을 읽은 중년의 딸이 피아노 곁으로 달려가 바흐를 연주하기 시작했다. 작은 병실에 피아노 소리가 은은하게 울려 퍼지자 노인은 희미한 미소를 지으며 다시 눈을 감았다.

슬픔에 겨워 눈물을 흘리며 바흐를 연주하는 딸의 손가락이 가늘게 떨렸다.

그리고 얼마 후, 노인은 조용히 숨을 거두었다.

노인의 사망 소식에 병실 밖은 온통 울음바다로 변했다. 그리고 수십 년을 고통받는 아프리카 원주민을 위해 봉사하다 생을 마감한 노인의 죽음은 전파를 타고 전 세계로 전해졌다.

원주민들은 노인의 시신을 생전의 유언대로 병원 안뜰, 아내 헬렌의 무덤 옆에 묻었다.

"가장 중요한 것은 자기 내부에서 빛이 꺼지지 않도록 노력하는 일이다. 안에 빛이 있으면 스스로 밖이 빛나는 법이다."

이런 마음가짐으로 세상의 빛이 되어 인류를 위해 봉사한 '아프리카의 성자' 알베르트 슈바이처Albert Schweitzer는 이렇게 91세의 파란만장한 인생을 마감했다.

"알베르트, 그게 말이 된다고 생각해?"
"아니, 나는 반드시 그렇게 하고 말 거야."
"제발 정신 차려. 자네의 훌륭한 재능과 찬란한 미래를 그렇게 포기해서는 안 돼."
"포기라니? 이건 포기가 아니라 새로운 선택일 뿐이야."

알베르트 슈바이처가 30세의 늦은 나이에 아프리카의 불쌍한 원주민을 위해 의학 공부를 시작하겠다고 하자 부모님뿐 아니라 친구들의 반대는 상상을 초월했다. 그도 그럴 것이 슈바이처는 이미 매우 뛰어난 성적으로 철학 박사와 신학 박사 학위를 받고 대학 교수와 목사로 재직하는 등 앞날이 창창한 인재였기 때문이다. 게다가 음악에도 조예가 깊어 파이프오르간 연주에 출중한 재능을 갖고 있었다. 특히 바흐에 대한 책을 집필하고 있을 정도로 음악을 좋아했다.

하지만 누구도 슈바이처의 결심을 막을 수는 없었다.

그는 일찍부터 30세까지는 학문과 예술을 위해 살고 그 이후부터는 사람들을 위해 봉사하는 삶을 살겠다고 다짐해온 터였다. 무엇을 어떻게 해야 할지 진로를 모색하던 그는 29세이던 1904년 가을, 드디어 일생의 목표를 확고히 정했다.

강의를 마치고 숙소로 돌아온 그는 책상 위에 있는 녹색 표지의 잡지를 발견했다. 콩고 선교회에서 발행한 그 소식지를 무심코 펼쳐 읽던 슈바이처는 순간 자신도 모르게 소리쳤다.

"그래, 바로 이거야. 나를 필요로 하는 곳이 여기 있었어."

그 잡지는 아프리카 콩고 북부 지방에 있는 가봉의 원주민이 가난과 질병에 시달리고 있건만 선교 인원이 부족해 제대로 도움을 줄 수 없다고 호소하며 사람들의 지원을 간절히 요청했다. 당시 가봉은 독립국이 아니라 프랑스 식민지인 콩고의 일부로서 여느 아프리카 나라와 마찬가지로 매우 비참한 삶을 살고 있었다.

'나는 이렇게 행복한데, 이 행복을 나만 누려도 되는가?'

어려서부터 이런 고민을 하던 슈바이처에게 마침내 길이 환히 열렸다. 의학을 공부해 의사로서 아프리카를 위해 봉사하기로 결심을 굳힌 것이다.

그로부터 7년 후인 1911년 슈바이처는 37세의 늦은 나이에 의과 대학을 졸업하고 국가에서 주관하는 외과 시험도 무사히 통과했다. 그리고 2년 후인 1913년 평생의 동반자 헬렌과 함께 가봉의 랑바레네에서 의료 봉사 활동을 시작했다.

학자로서, 연주자로서 안온한 삶을 누리던 그가 아프리카 정글에 적응하는 것은 결코 쉽지 않은 일이었다. 날씨가 무덥고 습기가 많은 데다 먹을 것도 마실 것도 넉넉하지 못했다. 게다가 사나운 맹수들은 물론 말라리아 같은 전염병이 생명을 위협했다.

처음엔 적대적이던 원주민들도 슈바이처를 '오강가'라고 부르며 그의 헌신적인 도움에 고마움을 표했다. 오강가는 원주민 말로 '주술사'라는 뜻이다. 요컨대 온갖 병을 낫게 해주는 마술사로 여긴 것이다.

슈바이처는 그 지역 선교사가 쓰던 닭장을 수리해 병원으로 사용하는 한편 유럽과 아프리카를 수시로 오가며 저술과 강연, 연주 등을 통해 부족한 운영 자금을 충당했다. 치료비가 무료인지라 필요한 돈을 감당할 수 없었던 것이다. 그는 모금 운동을 하며 사람들에게 이렇게 말했다.

"여러분은 다른 사람을 위해 잠시라도 시간을 할애해야 합니다. 비록 작은 것이라고 해도 남들을 위해 어떤 일을 해야 합니다. 그것은 여러분에게 돈을 안겨주는 것이 아닐 수도 있습니다. 하지만 단언하건대 그것은 당신의 자존심을 강화시켜줄 것입니다. 그러니 도움의 손길을 주저하지 마십시오. 지금 지구 한쪽에서 여러분의 친구들이 가난과 질병 때문에 죽어가고 있습니다."

제1차 세계대전이 발발하자 전장인 유럽은 물론 아프리카도 그 영향에서 벗어나지 못했다. 갈수록 인력과 물자가 부족해 더 이상 병원을 유지할 수조차 없었다. 그런 와중에 어머니가 프랑스군의 말발굽에 치여 숨졌다는 소식이 날아들었다.

하지만 슈바이처는 슬픔에 잠길 겨를도 없었다. 프랑스군이 독일인이라는 이유로 그를 체포한 것이다. 알자스 출신인 그의 국적이 당시엔 프랑스의 적국인 독일이었기 때문이다.

1917년 포로가 되어 파리로 강제 송환된 슈바이처는 이듬해 7월 포로 교환으로 석방될 때까지 수용소 생활을 해야 했다.

전쟁이 끝난 후 슈바이처의 고향 알자스는 프랑스 영토가 되었고, 이에 따라 그는 프랑스 국적을 선택할 수 있었다. 프랑스 식민지인 가봉에서 활동하는 데 어려움이 없도록 고심 끝에 국적을 바꾼 것이다. 이때부터 6년 동안 슈바이처는 유럽 각지를 여행하며 모금 운동을 벌였다.

그리고 1924년 아프리카로 돌아갔다. 그가 자리를 비운 몇 년 동안 병원은 뼈대만 남은 채 방치되어 있었지만 세계 각지에서 원조금이 답지해 병원을 다시 세울 수 있었다. 그즈음 슈바이처의 노력에 감동을 받은 많은 의사와 간호사가 자원해서 큰 도움을 주기 시작한 덕분이었다.

이와 관련해 한 소년의 얘기는 유명하다. 이탈리아 주둔 미군의 아들이었던 소년은 슈바이처의 감동적인 얘기를 듣고 공군 사령관에게 편지를 썼다.

"제가 아스피린 한 병을 샀어요. 이걸 비행기에 싣고 슈바이처 박사님의 병원에 떨어뜨려 주세요."

그런데 사령관이 방송국에 이 편지를 보내자 청취자들이 무려 40만 달러의 기금을 모아 슈바이처에게 전달했다. 실로 기적 같은 일이 벌어진 것이다.

  이처럼 슈바이처는 많은 사람에게 영향을 미쳤고, 그의 삶을 본받으려는 사람들의 귀감이 되었다. 이후에도 슈바이처는 아프리카와 유럽을 오가며 모금 활동에 전념했고, 국제 사회는 이를 기려 그에게 노벨 평화상을 수여했다.

플러스 메시지

인생은 B와 D 사이의 C이다

"인생은 B와 D 사이의 C이다."
프랑스 철학자 샤르트르의 말이다.
인생은 '탄생'Birth과 '죽음'Death 사이의 '선택'Choice이라는 뜻이다. 요컨대 인생은 선택의 연속이고, 그러한 선택이 한 인간의 삶을 좌우한다는 실존적 명제이다.
여기 슈바이처의 영향을 받아 다른 인생을 선택한 특별한 부부가 있다. 래리머 멜런과 그웬 멜런이 그들이다. 미국의 거부 래리머 멜런은 〈라이프〉에 실린 기사를 읽고 큰 감동을 받았다. 잡지에는 아프리카에서 원주민을 위해 봉사하는 슈바이처의 삶이 실려 있었다. 이 기사가 실릴 때 슈바이처는 이미 72세의 노인이었다.

기사를 읽은 멜런은 자신도 슈바이처를 본받아 의사가 되기로 결심했다. 이때 그의 나이 37세였다. 멜런은 각고의 노력 끝에 의사 자격증을 땄다. 그리고 전 재산을 투자해 서인도제도의 아이티에 병원을 설립했다. 병원의 이름은 '알베르트 슈바이처 병원.'
　이때부터 멜런은 1989년 세상을 떠날 때까지 18년 동안 슈바이처와 편지를 주고받으며 우정을 나누었다. 그 후 부인 그웬이 2000년까지 병원을 지켰고, 지금은 그 자손들이 여전히 봉사하는 마음으로 병원을 운영하고 있다. 한 사람의 감동적인 삶이 바다 건너에서 또 다른 감동적인 삶으로 되살아난 것이다.

You can't be too old to make a dream come true

"

제가 살아보니까
인생에서 속도는 큰 상관이 없는 것 같아요.
언제가 됐든 이루고 싶은 건 이룰 수 있더라고요.
그러려면 인생의 방향을 잘 잡아야 할 것 같아요.
방향만 올바르고 그 길로만 꾸준히 나간다면
느려도 언젠가 원하는 장소까지 갈 수 있는 것 같아요.

"

레이트 블루머 ⑬ | 37세에 메이저리그에 진출한 야구선수 임창용

인생은 속도가 아니라 방향이다

"지금이 아니면 메이저리그에 못 갈 것 같다는 생각이 들었다. 지금 특급으로 잘할 수 있다는 생각을 하지는 않는다. 나이도 있는 만큼 미국 무대를 경험하고 잘 적응하고 싶다."

임창용은 2012년 3월, 꿈의 무대인 메이저리그 시카고 컵스에 입단했다. 한국과 일본 야구계는 이 소식을 듣고 깜짝 놀랐다. 이유는 두 가지였다. 임창용의 나이가 어느덧 서른일곱 살이라는 것과 일본에서 받고 있던 연봉의 10분의 1이라는 조건을 군말 없이 수락했기 때문이다.

"나를 일본으로 보내주지 않으면 임의탈퇴도 불사하겠다."

2007년 삼성 라이온즈 선수였던 임창용은 구단을 향해 선전포고를 했다. 그의 꿈은 좀 더 넓은 무대에서 야구를 하는 것이었다. 그만한 실력도 갖추었고, 한국 프로야구에서 이미 검증도 받았다.

"연봉에 연연하지 않겠다. 나를 필요로 하는 구단이라면 어디든지 좋다."

임창용은 구단과 기나긴 투쟁을 벌였다. 일개 선수가 대기업 구단을 상대로 투쟁하는 것은 대단한 용기와 배짱이 없으면 어려운 일이다. 하지만 그에게는 이루고 싶은 꿈과 강렬한 의지가 있었다. 그에게는 돈이 중요한 게 아니라 어린 시절부터 꿈꾸어오던 넓은 무대로의 진출이 더 중요했다.

"우리가 졌네. 자네처럼 아까운 선수를 잡지 못한 우리의 무능력이 안타깝네."

"무능력 때문이 아닙니다. 제가 이 구단을 싫어해서도 아니고요. 제게는 저와 약속했던 신념과 꿈이 있습니다. 일본에 가서 누가 되지 않도록 열심히 하겠습니다."

결국 임창용은 야쿠르트 스왈로스에 입단했다. 국내에서는 특급 대우를 받은 그였지만 일본에서는 그렇지 못했다. 그는 외국인 선수 중 최저 연봉도 감수했다. 하지만 임창용에게 중요한 것은 큰 무대였지 최고 연봉이 아니었다.

'열심히 하면 돼. 나를 믿고 나아가자.'

임창용은 혼신을 다해 경기에 임했다. 그 결과 불과 몇 년 만에 54억 원이라는 최고액 연봉자가 되었다. 하지만 그는 여기서 멈추지 않고 다시 메이저리그에 도전했다. 물론 이번에도 연봉은 중요하지 않았다. 그에게는 이루고 싶은 꿈이 있었고, 그걸 위해서는 자신의 실력을 보여주고 당당하게 대우를 받는 것이 옳다고 생각했다.

한국과 일본에서 모두 최고의 자리를 경험한 베테랑이지만 임창용은 또다시 도전을 택했다. 최고에 자리에서 내려온 경험도, 다시 이겨내고 올라간 경험도 모두 가지고 있는 그는 등번호를 0번으로 선택했다. 0에서부터 다시 출발하겠다는 강한 의지를 표현한 것이다.

2014년 삼성 라이온즈는 한국 프로야구 역대 최초로 4년 연속 통합 우승을 차지했다. 넥센과의 6차전에서 9회말 마운드에 오른 사람은 바로 임창용. 그는 2사에서 4번 타자 박병호를 뜬공으로 처리하며 경기를 끝냈다.

"후배들이 정말 잘 싸워줬다. 큰 잔치에 숟가락만 얹은 것 같다."

미안한 기색을 보였지만 그는 코리언시리즈 3경기에 나가 3이닝 동안 단 한 개의 안타만 허용했을 뿐 무4사구, 2탈삼진, 무실점으로 완벽하게 뒷문을 걸어잠갔다. 일본 프로야구와 미국 메이저리그에서 뛰면서 6년간 한국을 떠난 후 복귀한 첫해에 귀중한 우승을 일구어낸 것이다.

그는 한 인터뷰에서 이렇게 말했다.

"제가 살아보니까 인생에서 속도는 큰 상관이 없는 것 같아요. 언제가 됐든 이루고 싶은 건 이룰 수 있더라고요. 그러려면 인생의 방향을 잘 잡아야 할 것 같아요. 방향만 올바르고 그 길로만 꾸준히 나간다면 느려도 언젠가 원하는 장소까지 갈 수 있는 것 같아요."

플러스 메시지

꿈의 여정에는 쉼표가 필요하다

유럽 탐험가들이 원주민들과 함께 보물을 찾아 나섰다.
"보수는 넉넉하게 주겠다."
탐욕에 눈이 먼 탐험가들은 쉬지도 않고 목적지로 향했다. 그런데 사흘째 되는 날 원주민들이 갑자기 꿈쩍도 하지 않았다. 영문을 알 수 없는 탐험가들은 재촉하듯이 말했다.
"도대체 이유가 뭐요? 돈이 부족합니까?"
그때 원주민의 우두머리가 대답했다.
"우리는 이곳까지 쉬지도 않고 너무 빨리 왔습니다. 우리 영혼이 우리를 따라올 시간을 주기 위해 이곳에서 쉬어야 합니다."
위의 일화처럼 자신이 하는 일에 영혼이 따르지 못하면 불행해지기 마련이다. 우리는 행복해지기 위해 산다. 불행을 위해 사는 사람은 아무도 없다.

  인생은 빨리 가는 것이 중요한 게 아니라 올바르게 가는 것이 중요하다. 그러기 위해서는 적절한 타이밍에 적절한 쉼표가 필요하다. 휴식 없는 삶은 브레이크 없는 자동차와 같다고 했다. 가끔씩은 꿈의 여정에 쉼표를 넣어보자.

4부

꿈을 이룬다는 것은
끊임없이 도전한다는 것이다

You can't be too old to make a dream come true

"

노후를 건강하고 우아하게 보내려면
세 가지를 유의해야 한다.
첫째, 영혼의 문제를 생각해야 한다.
둘째, 무슨 일에나 함부로 참견하는 습관을 버려야 한다.
셋째, 같은 말을 반복하거나 남을 헐뜯는 말을 삼가야 한다.

"

레이트 블루머 ⑭ | 80세가 넘도록 연구에 전념한 발명가 찰스 케터링

열린 마음이 있는 곳에 새로운 문이 열린다

미국 오하이오 주 루던빌의 한 중학교.
수업을 받던 한 소년이 갑자기 손을 번쩍 들었다.
"찰스, 또 시작됐니?"
선생님의 말에 소년은 한 손으로 이마를 누르고 인상을 잔뜩 찌푸리며 말없이 머리를 숙였다.
"그래, 알았으니 나가 봐."
선생님의 말이 떨어지기 무섭게 소년은 교실을 뛰쳐나갔다. 운동장에서 불어오는 한겨울의 찬바람을 쐬며 소년은 깊은 숨을 들이쉬었다.

'혹시 이러다 눈이 머는 것은 아닐까?'

소년은 여전히 욱신욱신한 머리를 작은 손으로 톡톡 치며 생각했다. 한두 번 그런 걱정을 한 것은 아니지만 겁이 덜컥 났다.

얼마 후, 다시 교실로 돌아온 소년에게 선생님이 말했다.

"병원 치료는 계속 받고 있니?"

소년은 기어들어가는 목소리로 말했다.

"네."

"그런데도 계속 그래?"

"네."

"음······."

선생님은 소년의 어깨를 어루만지며 낮게 신음했다.

소년은 머리가 매우 비상한 데다 창의적이고 상상력이 출중했다. 게다가 전 과목에서 성적이 뛰어나 이 지역 최고의 수재로 명성이 자자했다. 그런데 단 하나, 시력이 너무도 나빠 걸핏하면 두통에 시달렸다. 부모님과 선생님은 물론 소년을 아는 모든 사람이 걱정을 할 정도였다.

그런데도 소년은 학업에 전혀 뒤처지지 않았다. 특히 수학과 과학에 뛰어난 자질을 보였다. 그건 바로 소년이 갖고 있는 엄청난 집중력 덕분이었다.

이런 선천적인 핸디캡을 딛고 성장한 소년은 한평생을 발명에 몰두하며 훗날 토머스 에디슨 이후 미국 최고의 발명가라는 찬사를 받았다.

이 소년이 바로 '실패를 노래하는 음유시인'으로 널리 알려진 과학자 겸 발명가 찰스 케터링Charles Kettering이다.

1876년에 태어나 1958년 죽기까지 80세가 넘도록 발명에 전념한 찰스 케터링은 GM 연구소에서 27년간 연구 분야를 책임지며 점화 장치, 에틸 가솔린, 디젤 엔진, 태양열 에너지 등을 개발하는 데 몰두하며 미국 자동차 산업의 발전을 획기적으로 이끌었다.

그 밖에 전자현금등록기, 냉장고와 에어컨의 냉각제로 사용하는 프레온, 강화 유리, 휴대용 발전기, 철도 건널목 전자차단기, 조산아 인큐베이터 등을 발명하고 제1차 세계대전 때는 공중 어뢰aerial torpedo를 개발하기도 했다. 아울러 300건 가량의 특허권을 보유하고, 30여 개 대학에서 명예박사 학위를 받았다.

자동차 산업의 새로운 지평을 연 케터링의 발명품 중에는 페인트도 있었다. 1920년대 당시 자동차들은 대부분 검정색이었다. 검정색 말고 다른 색의 페인트는 너무 천천히 말라 도색 작업에 상당한 시간이 필요했기 때문이다. 평균 작업 시간이 무려 3주일 정도에 달해 생산 일정을 맞추는 데 심각한 차질을 빚기 일쑤였다.

"아니, 아직도 출고를 못했단 말이야? 이번 달에만 벌써 수천 대가 밀렸는데 정말 큰일이군."

게다가 기존의 페인트는 내구성이 약해 출고한 지 몇 주 만에 칠이 벗겨지는 단점도 있었다. 이 때문에 걸핏하면 고객의 클레임이 쇄도했다.

'내구력이 길면서도 짧은 시간 안에 도색 작업을 마칠 수 있는 페인트를 찾아야 해. 그러면 일정을 단축하고 고객의 불만도 줄일 수 있을 텐데.'

이 문제로 고민하던 찰스 케터링은 뉴욕의 한 보석 가게에서 우연히 순간적으로 마르는 도료를 발견했다. 그 페인트는 빨리 마를 뿐만 아니라 내구성도 탁월했다.

케터링은 눈이 번쩍 뜨였다.

'바로 저거야!'

하지만 이를 산업에 적용하는 것은 결코 쉬운 일이 아니었다. 밤낮으로 연구에 연구를 거듭했지만 자동차 도료에 알맞는 페인트를 개발하는 데 계속 실패했다. 더욱이 그즈음에는 어려서부터 앓던 간헐적 두통이 좀 더 심해져 약에 의존해야만 할 정도였다. 하지만 그는 좌절하지 않았다.

"문제를 이해했다면, 이미 반은 푼 것이나 마찬가지야."

그리고 계속되는 실패에 실망한 팀원들을 격려했다.

"실패하는 것은 부끄러운 일이 아니야. 실패의 원인을 잘 분석해서 성공으로 가는 길을 찾는다면 그 실패는 결코 무의미한 것은 아니라는 것이지."

실제로 그는 실패를 두려워하지 않는 발명가로 유명해 '실패를 노래하는 음유시인'이라는 별명이 붙을 정도였다.

한 번은 기자가 인터뷰에서 이렇게 물었다.

"당신을 '실패를 노래하는 음유시인'이라고 부르는 사람이 많습니다. 그런데 저는 좀 다르게 생각합니다. 세상에는 실패하지 않고 성공하는 사람도 얼마든지 있으니까요. 그래서 일부에서는 실패를 미화하는 것이라는 비판도 있습니다. 여기에 대해서 어떻게 생각하십니까?"

기자의 질문에 케터링은 이렇게 대답했다.

"나는 처음부터 잘되는 일은 아무것도 없다고 생각합니다. 반복적인 실패가 성공으로 가는 길의 이정표인 것만은 확실합니다. 우리가 실패하지 않는 유일한 길은 아무것도 시도하지 않는 것입니다. 사람은 실패하면서 성공으로 나아가는 존재입니다."

케터링은 여기까지 말하고 손으로 이마를 짚었다. 또다시 두통이 엄습했기 때문이다.

"따라서 우리는 실패를 정직하게 맞이할 줄 알아야 합니다. 실패를 성공으로 위장하지 말아야 합니다. 실패의 기회를 이용해 그 실패로부터 교훈을 얻어야 합니다. 실패를 포기의 명분으로 삼지 말고 또다시 시작해야 합니다."

마침내 케터링은 듀폰과의 공동 연구를 통해 2년 반 만에 '듀코'[Duco]라는 자동차 마감재 페인트를 내놓기에 이르렀다.

케터링 특유의 끊임없는 고민과 관찰력 그리고 협력적 팀워크가 자동차 도료업계의 획기적 혁신을 가져온 것이다.

GM을 떠난 후에도 케터링은 여든이 넘어서까지 발명에 몰두했다. 저택에 마련한 연구실에 밤늦도록 불이 들어와 있기 일쑤였다.

하루는 외아들 유진[Eugene]이 말했다.

"아버지, 이제 그만 편히 쉬세요."

아들은 늘 아버지가 걱정되었다. 발명을 하느라 이런저런 기계를 간지다 보면 크고 작은 상처를 입게 마련이기 때문이다. 얼마 전에는 금속에 발등을 찧어 깁스를 하기도 했다. 게다가 평생을 달고 살아온 그의 두통은 온 가족의 고통이기도 했다.

"오늘 편한 것을 생각하고 있다면 너는 늙은 것이고 이미 죽은 것이나 마찬가지다. 나는 늘 미래를 생각하고 있으니까, 이처럼 젊게 살고 있는 것이야. 알겠느냐?"

그리고 마치 유언처럼 아들에게 말했다.

"노후를 건강하고 우아하게 보내려면 세 가지를 유의해야 한다. 첫째, 영혼의 문제를 생각해야 한다. 둘째, 무슨 일에나 함부로 참견하는 습관을 버려야 한다. 셋째, 같은 말을 반복하거나 남을 헐뜯는 말을 삼가야 한다."

그러곤 버릇처럼 인상을 쓰며 머리를 약간 갸웃거렸다. 아들은 그게 간헐적으로 닥치는 두통 때문이라는 것을 알고 있었다. 그리고 자신이 도울 일이 없다는 사실도 알고 있었다. 그냥 아버지 옆을 지켜 드리는 것밖에는.

케터링은 이렇게 지치지 않고 발명에 몰두하다 84세를 일기로 세상을 떠났다.

미국 오하이오 주 몽고메리 카운티에는 케터링이라는 도시가 있다. 바로 이 도시에서 살았던 그의 이름을 딴 것이다. 현재는 데이튼 남부의 교외 주거 지역을 형성하고 있다. 미국 정부는 그를 기리기 위해 케터링이 살던 저택을 국가등록사적지^{NRHP}로 지정했다. 이 케터링 하우스는 오늘날 많은 관광객이 찾는 명소가 되었다.

  케터링은 세상을 떠났지만 이 위대한 발명가에 대한 찬사는 지금도 끊이지 않고 있다.

플러스 메시지

바다가 썩지 않는 것은 소금 때문이다

찰스 케터링은 사람을 흉하게 늙도록 만드는 다섯 가지 독약이 있다며 이렇게 말했다.

"불평, 의심, 절망, 경쟁, 공포가 그것이다. 이 다섯 가지 독약에 취할수록 노년의 얼굴은 심하게 일그러진다. 반대로 사람을 우아하게 만드는 다섯 가지 영약은 사랑, 여유, 용서, 아량, 부드러움이다. 이것이야말로 우리가 지키고 살아가야 할 덕목이다."

바닷물이 짠 이유는 말할 것도 없이 소금 때문이다. 그런데 바닷물에서 소금이 차지하는 비중은 불과 3퍼센트도 되지 않는다. 그럼에도 이 적은 양의 소금 때문에 넓디넓은 바다는 절대 썩지 않는다.

흔히 인생은 고해苦海라고 한다. 끝없는 괴로움 속에서 사는 인간 세상을 이르는 말이다. 생로병사야말로 우리 인간이 처한 피할 수 없는 숙명이다. 케터링의 말마따나 불평, 의심, 절망, 경쟁, 공포로 가득 찬 세상이다.

그런데 우리에겐 또 다른 다섯 가지 덕목이 있다. 케터링이 말하는 사랑, 여유, 용서, 아량, 부드러움이 그것이다. 이 다섯 가지 덕목이 우리 삶의 소금이다. 우리의 인생을 이 소금으로 전부 채우는 것은 불가능하다. 그건 어쩌면 신의 영역인지도 모른다. 그렇지만 적어도 바닷물처럼 3퍼센트는 채울 수 있다. 그러면 우리의 인생은 결코 무의미하지 않을 것이다.

You can't be too old to make a dream come true

"

나는 롤러코스터 같았던
스릴 만점의 내 인생을 무척 소중하게 여기고 있다.
흥미진진하고 멋진 여정이었다.
그러니 당신도 너무 일찍 책장을 덮지 말라.
당신 인생의 페이지를 끝까지 넘겨라.
당신은 어느 페이지에서
'또 다른 멋진 나'와 마주하게 될 것이다.

"

레이트 블루머 ⑮ | 50세에 데뷔해 국제적 소설가가 된 시드니 셸던

누구도 자기 자신을 대신할 수 없다

1947년 아카데미 각본상 수상.

1948년과 1949년 올해의 최고 뮤지컬 각본상 수상.

1949년 제1회 미국작가조합상 각본상 수상.

1951년 제3회 미국작가조합상 각본상 수상.

1959년 안토이넷 페리 각본상 수상.

1959년 토니상 수상.

1970년 에드거 앨런 포 문학상 수상.

수상 경력에서 알 수 있듯 시드니 셸던(Sidney Sheldon)은 처음부터 소설

가로 출발한 것은 아니다. 1967년 비교적 늦은 나이인 50세에야 비로소 소설을 쓰기 시작해 일약 세계적인 베스트셀러 작가로 발돋움했다. 그가 《벌거벗은 얼굴》로 1970년 에드거 앨런 포 문학상을 수상한 것은 소설가로 정식 입문한 지 3년 만의 일이다.

1917년 시카고의 러시아계 유대인 가정에서 태어난 시드니 셸던은 일찍부터 문학과 음악에 재능이 뛰어났다. 아버지는 보석 가게에서 매니저로 일했지만 벌이가 시원치 않아 늘 가난에 허덕였다. 셸던은 그런 가운데서도 10세 때 시를 썼고, 고등학교를 졸업한 후에는 대학에서 단편 희곡을 발표하기도 했다. 하지만 그즈음 대공황이 닥쳐 학업을 포기해야 했다.

그 후 여러 가지 직업을 전전하며 생활하던 셸던은 17세 때 시나리오 작가의 꿈을 안고 할리우드로 건너갔지만 쓰디쓴 실패만 맛보았을 뿐이다.

1939년 제2차 세계대전이 발발하자 공군 조종사로 입대해 군복무를 마친 셸던은 전쟁이 끝난 직후 한 가지 결심을 했다.

'할리우드는 아직 나와 맞지 않아. 내가 지금 있어야 할 곳은 브로드웨이야. 그래, 뉴욕으로 가자. 거기서 다시 시작하는 거야.'

브로드웨이 무대에서 여러 편의 작품을 잇따라 발표하며 뮤지컬 〈붉은 머리〉로 토니상을 수상한 그는 다시 용기를 내서 할리우드에 도전했다.

그리고 마침내 1947년 〈독신남과 사춘기 소녀〉로 아카데미 각본상을 수상하며 이름을 날리기 시작했다. 하지만 그가 이런 명성을 얻기까지의 과정은 결코 평탄치 않았다.

대공황이 미국 전역을 강타하던 1934년. 시드니 셀던은 그토록 좋아하는 글을 쓸 수도 없고, 대학까지 중퇴한 터라 실망이 이만저만 큰 게 아니었다. 가계를 돕기 위해 어려서부터 수없이 많은 일을 전전했지만 도무지 희망이 보이지 않았다.

'신은 왜 내게 이런 가혹한 벌을 주시는 거지?'

자신에게 닥친 현실이 부당하고 불공정하게간 느껴졌다.

한창 예민한 청소년기를 보내던 셀던은 17세의 어린 나이에 조울증에 걸려 하루하루 괴로운 나날을 보냈다. 그러다 마침내 자살을 결심하기에 이르렀다.

훗날 자서전에서 셀던은 당시를 이렇게 회상했다.

"내 인생에서 잘못된 모든 것을 닫아버려야 할 시간이었다. 그때 나는 절망의 끝에 다다라 있었다. 더 이상 살아갈 이유가 없었다. 매우 혼란스럽고 괴로웠다. 뭔가를 필사적으로 열망했지만 답이 전혀 보이지 않았다."

그러던 어느 날, 셀던은 자신이 일하던 약국에서 수면제를 몰래 훔쳤다. 위스키와 수면제를 함께 먹으면 치명적이라는 얘기를 듣고 그대로 실행에 옮기려 한 것이다.

라디오에서는 "우울한 일요일, 이제 모든 것을 끝내려 하네······"라는 노랫말의 유행가가 흘러나오고 있었다.

우연히 그 사실을 알게 된 아버지는 소스라치게 놀랐다.

아버지는 아들을 앉혀 놓고 말했다.

"시드니, 대체 왜 갑자기 그런 생각을 한 거니?"

아버지의 목소리는 침울하기 이를 데 없었다. 창창한 나이에 자살을 결심하다니, 아들에게 자신이 모르는 고통과 고민이라도 있단 말인가! 모든 게 못난 자신의 탓인 것만 같아 가슴이 미어졌다.

셀던은 아무 말도 하지 못했다.

그러자 아버지가 눈물을 흘리며 말했다.

"시드니, 아빠는 네가 왜 이러는지 알아야겠다. 왜 그러는지 알아야 해결책을 찾을 수 있지 않겠니?"

아버지의 눈물을 본 셀던은 마침내 입을 열었다.

"아빠, 저는 지금껏 뭔가를 갈망하고 밝은 미래를 원했어요. 하지만 현실은 너무나 달라요. 항상 부푼 희망을 안고 살아왔는데, 아무리 발버둥을 쳐도 약국 배달부 신세를 면할 수 없잖아요. 제겐 너무 가혹한 나날이라고요!"

셀던의 눈에서도 눈물이 흘러 내렸다. 아버지는 그저 묵묵히 듣기만 했다.

"아빠, 무엇보다 저는 대학에 다니고 싶어요. 하지만 우리 집 형편이 그걸 허락하지 않잖아요. 그리고 작가가 되고 싶어요. 그런데 수십 편의 단편소설을 써서 잡지사에 보냈지만 돌아오는 건 거절 통지문뿐이에요."

그때 아버지가 말했다.

"시드니, 그래서 죽을 생각을 했단 말이니?"

셀던은 울먹이며 머리를 끄덕였다.

"시드니, 아빠 말을 잘 들으렴. 세상에는 가 보지 못한 곳이 너무나 많단다. 넌 작가가 되고 싶다고 했지?"

셀던은 심드렁하게 대답했다.

"그건 어제 얘기였을 뿐이에요."

"어제 얘기였을 뿐이라고? 그럼 내일은?"

"네?"

"내일은 무슨 일이 일어날지 모르잖니. 인성이란 원래 소설 같은 거란다. 너도 알겠지만 페이지를 넘기기 전에는 무슨 일이 일어날지 모르는 법이지."

혼을 내는 대신 아버지는 차분차분 아들을 설득했다. 인생을 아들이 가장 좋아하는 소설에 빗대 얘기함으로써 희망을 되찾도록 해준 것이다.

"나는 네가 너무 빨리 인생이라는 책을 덮어버리는 걸 보고 싶지 않구나. 다음 페이지에서 쏟아져 나올 숱한 기쁨과 즐거움과 행복을 누리지 못하고 너무 일찍 인생의 책을 덮으면 슬프잖니. 네 삶의 페이지는 네가 직접 써나가야 한다는 걸 명심하라."

그날 밤 셀던은 아버지의 말을 곰곰이 생각해보았다.

"그래, 아빠 말이 맞아. 내일은 또 무슨 일이 일어날지 몰라. 너무 빨리 책을 덮어버리는 것은 어리석은 일이야."

셀던은 마음을 다잡았다. 그러자 웬일인지 세상을 향했던 불만과 분노가 한순간에 눈 녹듯 사라졌다.

시드니 셀던은 그 길로 할리우드로 향했다. 하지만 할리우드는 생각보다 훨씬 더 만만치 않았다. 수없이 문전박대를 받았다. 하지만 그는 아버지의 말대로 묵묵히 인내하며 자기 인생의 다음 페이지를 써내려갔다. 사람들의 혹독한 평가와 낯 뜨거운 시선에도 전혀 굴하지 않았다.

그렇게 현실을 맛본 셀던은 군복무를 마친 후 브로드웨이와 할리우드를 연이어 평정했다.

하지만 그에겐 아직 채우지 못한 욕구가 있었다. 그것은 바로 소설 창작에 대한 어려서부터의 꿈이었다.

그리고 마침내 첫 소설《네이키드 페이스》를 출간했다. 그의 나이 50세 때의 일이다. 이후 그는《천사의 분노》,《미다스》,《어두울 때는 덫을 놓지 않는다》,《잠자는 천사》,《게임의 여왕》,《추억의 음모시간의 흔적》,《황금의 비밀》,《연기 속의 비밀》,《악마의 유혹》등 18편의 소설을 끊임없이 발표해 세계적인 베스트셀러 작가의 반열에 올랐다. 그리고 세계 181개국에서 51개 언어로 번역되어 기네스북에 오르기도 했다.

2004년 88번째 생일을 맞아 출간한 자서전《시드니 셀던-또 다른 나》에서 셀던은 이렇게 썼다.

"나는 롤러코스터 같았던 스릴 만점의 내 인생을 무척 소중하게 여기고 있다. 흥미진진하고 멋진 여정이었다. 그러니 당신도 너무 일찍 책장을 덮지 말라. 당신 인생의 페이지를 끝까지 넘겨라. 당신은 어느 페이지에서 '또 다른 멋진 나'와 마주하게 될 것이다."

그의 말처럼 셀던의 인생은 파란만장했고, 또 그런 만큼 다양한 이야기로 독자들에게 감동을 선사했다.

　2007년 시드니 셸던은 폐렴 증세로 치료를 받고 있던 캘리포니아 주 아이젠하워 병원에서 부인과 딸이 지켜보는 가운데 숨을 거뒀다. 하지만 그가 남긴 수십 편의 작품은 아직도 브로드웨이에서 많은 이들의 사랑을 받고 있다.

플러스 메시지

매일매일을 또 다른 나와 마주하라

하루살이와 메뚜기가 함께 놀고 있었다. 저녁이 되어 메뚜기가 말했다. "우리 내일 또 놀자." 그러자 하루살이가 물었다. "내일이 뭐니?" 메뚜기가 아무리 설명을 해도 하루살이는 내일이 뭔지 이해할 수 없었다. 메뚜기와 개구리가 함께 놀았다. 가을이 깊어져 개구리가 말했다. "우리 내년에 또 만나자." 그러자 메뚜기가 물었다. "내년이 뭐지?" 개구리가 아무리 설명을 해도 메뚜기는 내년이 뭔지 이해할 수 없었다.

하루를 사는 하루살이가 내일을 이해 못하고, 한 해를 사는 메뚜기가 내년을 이해 못해도 내일과 내년은 분명 존재한다. 다만 하루살이와 메뚜기의 눈으로는 내일과 내년을 보지 못할 뿐이다.

하지만 어디 하루살이와 메뚜기뿐이랴. 인간도 내일과 내년을 모르기는 마찬가지다. 아니, 당장 1시간 앞도 모르는 게 인생이다. 그렇지만 내일과 내년을 준비할 수는 있다. 오늘 하루를 알차게 살면서 말이다. 이것이 미래를 준비하는 사람들의 지혜다.

내일과 내년의 일은 알 수 없지만, 우리는 우리의 미래를 바꿀 수 있다. 그러면 내일과 내년에 우리는 또 다른 나를 만날 수 있다. 매일 새롭게 변하는 자신을 말이다.

미국의 정신분석가 시어도어 루빈은 이렇게 말했다.

"꿈을 갖고 배우며, 변화를 도모하기에 너무 늦은 때란 없다."

You can't be too old to make a dream come true

"

나는 행운과 불운이 떠다니는 구름처럼
종잡을 수 없는 것이라는 믿음을 갖고 있다.
그 때문에 나는 아무리 나쁜 일이 일어나도
별로 놀라지 않는다.
오히려 좋은 일이 일어나면 놀라면서 한편으로 기뻐한다.
나는 인생에 대해 어떤 구상도 철학도 없다.
내게 인생이란 그저 투쟁일 뿐이다.
인생은 변덕스럽다.
나는 여전히 꿈과 야망이 있다.
그리고 죽는 그날까지 은퇴하지 않을 것이다.

"

레이트 블루머 ⑯ | 86년 동안 꿈을 잃지 않았던 희극배우 찰리 채플린

최고의 작품은
아직 완성되지 않았다

"인생은 멀리서 보면 희극이지만 가까이서 보면 비극이다."

찰리 채플린의 어린 시절은 불우했다. 뮤지컬 배우였던 어머니는 후두염으로 목소리를 잃고 무대에 설 수 없었다. 급기야는 정신병원에 입원하기도 했다. 그의 자서전에는 어머니의 죽음 소식을 듣고 병원으로 달려가 눈물을 흘리는 대목이 나온다.

"나는 병실로 들어가 침상과 창문 사이에 놓인 의자에 앉았다. 커튼이 반쯤 드리워져 있었다. 병실 안으로 햇볕이 강하게 내리쬐고 있었다. 병실에는 침묵만 흘렀다. 나는 가만히 침대에 누워 있는 어머니를 응시했다. 어머니는 얼굴을 뒤로 약간 젖힌 채 눈을 감고 있었

다. 어머니의 얼굴에는 수심이 가득해 보였다. 일생의 한이 서린 램버스 빈민구호소에서 1만 킬로미터 넘게 떨어진 할리우드 근교의 이런 외진 곳에서 생을 마치다니. 얼마나 기구한 인생인가. 어머니의 한 많은 일생이 주마등처럼 지나갔다. 그리고 나는 눈물을 흘렸다."

채플린이 언급한 램버스 빈민구호소란 다름 아닌 그가 어머니와 함께 어린 시절을 보낸 곳이다. 끼니도 해결할 수 없어 거리를 떠돌며 구걸했던 모자는 런던에서도 유명한 빈민가인 램버스 빈민구호소에서 생활했다.

하루는 무대에 오른 어머니가 공연을 못할 정도로 기침을 해 관객들로부터 비난을 받았다. 어머니는 며칠 전부터 후두염에 걸려 몹시 고생하고 있었다. 어머니가 무대를 내려오자 극장 주인은 노발대발했다.

"아니, 어쩌자고 그렇게 기침을 해대는 거야? 배우가 몸 관리를 잘 해야지, 그게 뭔가? 그나저나 이것 큰일났군. 대신 무대에 올려 보낼 배우도 없는데."

그때 문득 옆에 있는 꼬마가 눈에 띄었다.

"네가 혹시 해너의 아들 찰리냐?"

해너는 찰리의 술주정뱅이 아버지 이름이었다.

"네. 제가 찰리예요."

극장 주인은 찰리에게 재주가 꽤 많다는 것을 익히 알고 있었다.

"안 되겠다. 너라도 날 도와주렴. 관객들이 저 난리니, 네가 좀 나서 줘야겠다."

그날, 난생처음 무대에 선 찰리는 조금도 떨지 않고 능청스럽게 관객한테 웃음을 선사해 호평을 받았다.

찰리는 어려서부터 배우인 어머니의 영향을 많이 받았다. 어머니와 함께 배역 연습을 하며 노래와 연기에 흥미를 느끼기 시작했다.

'언젠가는 세상에서 가장 유명한 배우가 되겠어.'

그에게는 꿈이 있었다. 희극배우가 되어 희망을 잃은 사람들에게 웃음을 선사하는 것. 그리고 마침내 무성영화 시대에 자신만의 독특한 스타일로 데뷔작 〈키드〉를 발표했다. 이후 〈위대한 독재자〉, 〈모던 타임즈〉, 〈시티 라이트〉 같은 걸작을 발표하며 아티스트 반열에 올랐다. 채플린은 세상이 자신에게 최상의 것과 최악의 것을 동시에 선사한다고 생각했다. 그래서 행운과 불운이 언제 어떻게 찾아올지 모른다는 믿음을 갖고 있었다. 중요한 것은 한 번도 꿈을 잊어버리지 않았다는 것이다.

찰리 채플린은 희극과 비극을 오가며 관객들을 웃기고 울렸다. 그는 영화 속에서 인생의 모든 비극과 희극을 경험했고, 자신이 만든 수많은 영화 속에서 늘 우리와 함께 살고 있다.

"나는 행운과 불운이 떠다니는 구름처럼 종잡을 수 없는 것이라는 믿음을 갖고 있다. 그 때문에 나는 아무리 나쁜 일이 일어나도 별로 놀라지 않는다. 오히려 좋은 일이 일어나면 놀라면서 한편으로 기뻐한다. 나는 인생에 대해 어떤 구상도 철학도 없다. 내게 인생이란 그저 투쟁일 뿐이다. 인생은 변덕스럽다. 나는 여전히 꿈과 야망이 있다. 그리고 죽는 그날까지 은퇴하지 않을 것이다."

찰리 채플린은 희극인으로서 평생 무거운 짐을 안고 살았다. 어디를 가나 세상이라는 거대한 스크린에서 재미있는 캐릭터를 연기해야 했다.

채플린이 칸 영화제에서 공로상을 받았을 때 일이다. 군중이 채플린을 향해 몰려들며 열광했다. 당시 채플린은 여든을 바라보는 노인이었다. 그런데도 채플린은 그들을 위해 뭔가 해줘야겠다고 생각했다. 그래서 옆에 있던 한 남자의 지팡이를 움켜쥐고 자신이 수많은 영화에서 보여준 방랑자의 캐릭터 몸짓으로 멋지고 우스꽝스러운 동작을 연출했다. 그걸 본 군중은 웃음으로 화답했다. 그게 채플린이었고, 그의 인생법이었다.

그는 누구보다 노력하는 천재였다. 한 일화가 그 사실을 말해준다.

어느 영화평론가가 채플린에게 물었다.

"선생님은 지금까지 많은 영화를 만들었습니다. 그중에서 가장 내세울 만한 작품이 있다면 무엇입니까?"

채플린은 질문을 받자마자 즉석에서 대답했다.

"넥스트 원! 바로 다음 작품입니다."

"그럼 사람들의 평가에 대해서는 어떻게 생각하십니까?"

"사람들이 나를 보고 천부적이다, 영화의 마술사라고 말합니다만 전혀 그렇지 않습니다."

채플린은 책상 서랍에서 영화 대본을 꺼냈다.

"나는 사람들을 웃기기 위해 최소한 100번은 연습합니다."

자신의 예술가적 직관으로 아우슈비츠를 예견했던 찰리 채플린.

그는 영화 속에서 인생의 모든 비극과 희극을 경험했고, 그가 만든 수많은 영화 속에서 늘 우리와 함께 살고 있다.

그런 채플린이 우리에게 묻는다.

"당신은 무엇을 이루기 위해 100번 이상 연습을 하십니까?"

한때 공산주의자로 낙인찍힌 찰리 채플린은 추방된 지 20년 만인 1972년이 되어서야 미국 땅을 밟을 수 있었다. 아카데미 시상식에 참석해달라는 연락을 받은 것이다. 이때 특별상을 수상한 그는 무려 12분간 기립 박수를 받았다.

그리고 3년 뒤인 1975년, 영국의 엘리자베스 여왕은 채플린에게 기사 작위를 수여했다. 당시 채플린의 나이 86세, 임종을 불과 18개월 앞둔 시점이었다.

1889년 4월 16일 저녁 8시 영국 런던 남부의 월워스에서 출생한 찰리 채플린은 스위스의 집에서 자손들과 여생을 보내다 1977년 12월 25일, 크리스마스에 영원히 잠들었다.

플러스 메시지

꿈은 과거완료형이 아닌 현재진행형이다

버튼 브레일리는 〈최고의 작품은 아직 완성되지 않았다〉에서 이렇게 노래했다.

최고의 시는 아직 쓰여지지 않았다.
최고의 집은 아직 지어지지 않았다.
최고봉은 아직 정복되지 않았다.
최대의 강에 다리는 아직 놓여지지 않았다.
그러므로 두려워 말고 초조해하지도 말라.
약한 마음을 먹지도 말라.
기회는 이제 막 도래하고 있다.

최고의 일은 아직 시작되지 않았다.
최고의 작품은 아직 완성되지 않았다.

꿈을 이루기 위해서는 자기만족에 그쳐서는 안 된다. 끊임없이 자기 검열을 하고 그 꿈에 다가가기 위해 더 큰 걸음을 떼야 한다. 과거의 작은 성공에 으스대거나 자만하지 말라. 당신의 최고 작품은 아직 완성되지 않았다. 꿈은 과거완료형이 아니라 현재진행형이어야 한다. 아직도 배우고 이루어야 할 꿈들이 당신 가슴속에 남아 있음을 기억하라.

You can't be too old to make a dream come true

"

의지를 가지고 삶을 살지 않는다면,
적어도 여러분의 의지가 한계에 이르기까지
살지 않는다면, 삶이란 의미가 없다.
미덕, 선, 악. 이 모든 것들은 단어에 불과하다.
여러분이 그것들을 따로따로 옮겨다가
그것들로 뭔가를 지어야 한다.
여러분이 그것들을 적용하는 방법을 알기까지
그것들은 진정한 의미를 갖지 않는다.

"

레이트 블루머 ⑰ | 35세에 그림에 전념하기 시작한 화가 폴 고갱

고통과 절망을 이기는 것은 열정이다

1917년, 한 영국인 작가가 남태평양의 타히티 섬에 발을 디뎠다. 14년 전 이 섬에서 타계한 한 유명 화가의 흔적을 찾기 위해서였다. 작가는 13년 전 파리에 들렀을 때 우연히 그 화가의 비극적 생애와 놀라운 작품에 대해 처음 듣고 맹렬한 호기심을 느낀 터였다.

작가는 그동안 늘 화가에 대한 동경을 가슴에 품고 있었다. 화가의 특이한 삶과 예술정신을 소설로 승화시켜보고 싶었던 것이다. 그러던 중 마침내 섬을 찾아오게 된 작가는 깜짝 놀랐다. 타히티 섬의 아름다운 풍경과 그곳 사람들의 원시적 생활 때문만은 아니었다.

문명 세계를 혐오해 고향을 떠나온 화가는 말년에 가난과 고독 그

리고 질병에 시달리며 자신의 그림을 먹을 것과 맞바꾸기도 했다. 마을의 식품점 주인은 그렇게 해서 얻은 화가의 데생을 포장지로 사용하기도 했다. 또 화가가 그려준 초상화가 마음에 들지 않아 다락방에 처박아놓고 거들떠보지 않는 사람도 있었다. 심지어 화가의 그림 선물을 코웃음을 치며 거절한 사람도 있었다.

취재 여행을 마친 작가는 화가가 자신이 머물렀던 오두막 문짝에 그린 그림을 헐값에 구입해 영국으로 가져갔다. 당시 원주민으로부터 400프랑을 주고 산 그 문짝의 그림은 1962년 경매에서 1만 7000달러의 가격에 낙찰되었다.

그로부터 4년 뒤 작가는 《달과 6펜스》라는 작품을 발표해 엄청난 성공을 거두었다. 작가의 이름은 바로 1957년 노벨문학상을 수상한 서머싯 몸. 그가 타히티 섬에서 흔적을 찾아 헤맸던 화가는 다름 아닌 폴 고갱Paul Gauguin이었다.

서머싯 몸은 이 작품에서 한 등장인물의 입을 빌려 고갱의 작품을 이렇게 묘사했다.

"그는 숨이 막혔다. 이해할 수도, 분석할 수도 없는 감정이 그를 가득 채웠다. 창세의 순간을 목격할 때 느낄 법한 기쁨과 외경을 느꼈다고 할까. 무섭고도 관능적이고 열정적인 것, 그러면서 또한 공포스러운 어떤 것, 그를 두렵게 만드는 어떤 것이 거기에 있었다. 그것은 감추어진 자연의 심연을 파헤치고 들어가, 아름답고도 무서운 비밀을 보고 만 사람의 작품이었다. 그것은 사람에게는 허락되지 않은 신성한 것을 알아버린 이의 작품이었다. 거기에는 원시적인 무엇, 무서운 어떤 것이 있었다. 인간 세계의 것이 아니었다. 악마의 마법이 어렴풋이 연상되었다. 그것은 아름답고도 음란했다."

1848년 6월 프랑스 파리에서 태어난 폴 고갱은 화가로 입문하기까지 평탄치 않은 삶을 살았다. 그가 태어난 1848년은 프랑스뿐만 아니라 유럽 전역에서 혁명의 불길이 번져 혼란을 겪고 산업화에 따른 경제적 격변이 사회 불안을 고조시키던 때였다. 이런 와중에 나폴레옹 3세의 공화정이 들어서자 진보적 성향의 정치부 기자이던 고갱의 아버지는 신변 위협을 느껴 가족과 함께 페루로 이민을 떠나기로 결심했다.

하지만 아버지는 불행히도 항해 도중 심장병으로 갑작스레 목숨을 잃고, 어린 고갱은 어머니의 친척이 있는 페루 리마에서 힘겨운 생활을 해야 했다.

1854년 우여곡절 끝에 다시 프랑스로 돌아온 고갱의 가족은 할아버지가 남긴 유산 덕분에 다소 나아지긴 했지만 여전히 가난에 허덕였다. 어머니는 삯바느질로 생계를 꾸리고 고갱은 선박의 항로를 담당하는 견습 도선사로 취직해 세계 곳곳을 여행했다. 그러던 중 인도에 있을 때 어머니의 사망 소식이 날아오자 선원 생활을 그만두고 파리로 돌아와 증권거래소의 점원으로 취직했다.

고갱이 그림에 관심을 갖기 시작한 것은 1873년 결혼을 하고 나서부터였다. 이 무렵부터 경제 사정이 나아져 미술 작품을 수집하고 조금씩 그림을 그려보기도 했다. 1876년에는 처음으로 살롱에 출품해

인상파의 대표적 화가 카미유 피사로와 사귀기도 했다. 하지만 본격적인 화가의 길로 들어서기엔 아직 시간이 필요했다.

1882년 프랑스 주식 시장이 무너져 수많은 실업자가 발생하자 고갱의 직장도 위태로운 지경에 처했다. 이제 선택을 해야 할 때였다. 불안한 상황에서 계속 직장에 다니며 현실에 안주할 것인가, 아니면 새로운 꿈을 펼치기 위해 떨치고 일어설 것인가? 그러나 자신의 결심만으로 그런 선택을 할 수는 없었다. 그에겐 부양해야 할 아내와 아직 어린 다섯 명의 자식이 있었다.

"여보, 날 믿어봐. 주식 중개인으로 성공했듯 화가로서도 반드시 성공할 테니까."

"하지만 그림을 팔아서 어떻게 생활한단 말이에요? 아이들은 점점 커가는데……."

아내와의 불화는 점점 쌓여만 갔다. 그럼에도 고갱은 직장을 그만두고 그림에 전념하기로 결심했다. 그의 나이 35세 때의 일이다. 그러나 이제 갓 그림을 그리기 시작한 풋내기 화가의 작품을 알아주는 사람은 거의 없었다.

"당신이 가장으로서 책임을 다하지 않는다면 이젠 나도 어쩔 수 없어요."

생활고를 견디다 못한 아내는 아이들을 데리고 고향인 덴마크 코펜하겐으로 떠나고 말았다.

고갱은 고독과 싸우고 한편으로는 자유를 만끽하며 그림에 몰두했다. 자신만의 화법을 구축하기 위해 애쓰고, 한때는 토기 제작에도 관심을 가졌다. 토기를 제작하며 원시적 예술에 경도된 고갱은 1887년 남대서양의 마르티니크 섬으로 떠났다. 그의 독특한 예술적 편력은 이렇게 시작되었다. 하지만 마르티니크 섬에서 창작에 몰두하던 그는 향수병에 시달리다 결국 이듬해에 파리로 돌아올 수밖에 없었다.

그리고 이때 친구이자 경쟁자인 고흐를 만났다. 둘은 돈독한 우정을 나누면서도 서로 다른 예술적 견해 때문에 격렬하게 다투곤 했다. 그러다 고흐가 자신의 귀를 자르는 사건이 벌어졌다. 세계 미술사를 통틀어 가장 유명하고 특이한 개성을 가진 두 거장의 만남은 이렇듯 파격적이었다.

고갱은 화단으로부터 상상과 현실이 어우러진 화풍을 갖추었다는 평가를 받았지만 여전히 가난에 쪼들렸다. 덴마크로 갈 여비가 없어 가족조차 제대로 만날 수 없었다. 돈 있는 후견인도 나타나지 않고 수집가들도 좀처럼 지갑을 열지 않았다.

'아, 계속 이렇게 가난한 예술가로 살 수는 없어. 뭔가 돌파구를 찾아야 해.'

그러던 중 1889년 열린 파리 만국박람회에서 아시아와 남태평양의 이국적인 풍물에 열광한 그는 다시금 열대 지방의 원시적 생활을 동경하기 시작했다.

'그래, 바로 이거야! 그런 곳에서라면 다시 한 번 도전할 수 있어.'

1891년 이번엔 남태평양의 타히티 섬으로 향했다. 그곳에서 13세의 원주민 소녀를 아내로 맞이해 창작에 전념했다. 그는 원주민의 건

강한 육체와 정신 그리고 열대의 밝고 강렬한 색채에 완전히 매료되었다. 하지만 이국 생활에 적응하는 것은 결코 쉽지 않았다. 타히티는 작품의 소재와 강렬한 영감 그리고 쾌락을 안겨주었지만 평생 몸을 의지할 만은 곳은 아니었다. 경제적 궁핍과 외로움을 견디지 못한 그는 1893년 6월 파리로 돌아왔다.

파리로 돌아온 고갱은 그해 11월 타히티에서 그린 작품으로 개인전을 열었다. 독특하고 과감한 색채가 돋보이는 그의 작품은 평론가와 세인의 관심을 끌고 피카소를 비롯한 젊은 화가들에게 많은 영향을 미쳤지만 상업적으로는 완전히 실패하고 말았다.

"과감하긴 하지만 새롭지는 않다."

전시회에 대한 한 평론가의 평가에 고갱은 단호하게 대응했다.

"그래서 뭐가 어떻단 말인가? 미술은 표절 아니면 혁명이다."

고갱은 타히티에서의 경험을 책으로 집필하는 등 필사적으로 애썼지만 하루하루 자괴감만 더해갈 뿐이었다. 그때까지 사람들은 여전히 고갱을 미술품 수집가 출신의 배부른 아마추어 화가 정도로 치부했다.

1895년 다시 타히티 섬으로 돌아간 고갱은 처절한 패배감 속에서 병마에 시달렸다. 이로 인한 우울증에 그동안 제대로 돌보지 못한 딸의 사망 소식까지 겹쳐 자살을 시도하기도 했다.

그러나 고갱은 1903년 5월 8일 심장마비로 생을 마감할 때까지 온갖 질병과 영양실조를 이겨내며 왕성한 창작열을 불태웠다.

고갱이 죽고 얼마 후 프랑스 미술계는 그의 작품에 열광하기 시작했다. 그제야 그의 열정과 인생 그리고 독특한 예술 세계를 인정한 것이다. 하지만 불행하게도 생전에 고갱은 그런 영광을 한 번도 만끽하지 못했다.

고갱은 후세 사람들에게 이런 말을 남겼다.

"의지를 가지고 삶을 살지 않는다면, 적어도 여러분의 의지가 한계에 이르기까지 살지 않는다면, 삶이란 의미가 없다. 미덕, 선, 악. 이 모든 것들은 단어에 불과하다. 여러분이 그것들을 따로따로 옮겨다가 그것들로 뭔가를 지어야 한다. 여러분이 그것들을 적용하는 방법을 알기까지 그것들은 진정한 의미를 갖지 않는다."

플러스 메시지

모범생보다는 문제아가 되어라

고갱은 생전에 별다른 평가를 받지 못했을 뿐만 아니라 평생을 가난에 시달렸다. 특히 비교적 늦은 나이인 35세 때 화가의 길을 걷기 시작한 그는 가정적으로도 매우 불행했다. 하지만 아무것도 예술에 대한 열정을 가로막지는 못했다.

고갱은 자괴감과 패배감 속에서도 항상 새로운 것을 모색했다.

"나는 보기 위해 눈을 감는다."

고갱이 이렇게 말한 것은 도피가 아니었다. 그가 만약 자신을 억누르는 현실, 곧 다섯 아이를 둔 한 가정의 가장이라는 처지와 경제적 궁핍 그리고 평단의 혹평에 주저앉았다면 아무것도 보지 않기 위해 눈을 감았을 것이다. 하지만 그는 새로운 것을 보기 위해, 새로운 것을 창조하기 위해 눈을 감았다. 그리고 마음의 눈으로 바라본 것을 그림으로 그렸다.

세상의 관점에 보면 그는 모범생은 결코 아니었다. 흔히 모범생이 아닌 문제아는 사람들의 인정도 받지 못한다. 그러나 영국의 극작가 조지 버나드 쇼는 이렇게 말했다.

"세상에는 모범생과 문제아가 있다. 모범생은 환경에 적응한다. 하지만 문제아는 환경을 자신에 맞게 바꾸고 싶어 한다. 그래서 모든 혁신을 일으키는 사람은 바로 문제아다."

5부

내가 꿈을 이루면 나는 누군가의 꿈이 된다

You can't be too old to make a dream come true

> "
>
> 세일즈맨으로 성공하기 위해서는
> 그 어떤 소리도 참아야 해.
> 이까짓 건 아무것도 아니야.
> 난 할 수 있어.
>
> "

레이트 블루머 ⑱ | 48세에 질레트를 창업한 킹 질레트

한 분야를 선택해
혼신의 힘을 다해라

"이제 우린 망했어."

1871년 10월 8일 밤 9시. 시카고에 있는 올리어리 부부의 헛간에서 발생한 화재는 다음 날 11시까지 계속되며 도시의 거의 전 지역을 폐허로 만들었다. 바람의 도시 시카고답게 불길은 순식간에 북동쪽으로 번져갔다. 여름철부터 이어진 극심한 가뭄이 화마火魔를 부추기긴 했지만, 작은 가옥에서 시작된 불이 대형 화재로 번진 첫 번째 요인은 65퍼센트가 목조 건물인 시카고의 건축 탓이 더 컸다.

이틀간의 화재로 도시의 3분의 2가 잿더미로 변했다. 건물 8만 채가 불에 탔으며 10만 명의 이재민이 발생했다. 사망자는 300여 명, 재

산 피해는 2억 달러에 달했다. 화재 직후엔 약탈과 폭력이 난무하고 콜레라가 돌기도 했다.

"이제 우리는 뭘 먹고 살지?"

킹의 아버지는 대화재 앞에서 망연자실했다. 위스콘신 주의 퐁뒤라크라는 작은 마을을 떠나 킹의 나이 네 살 때 먹을 것과 일자리를 찾아온 시카고였다. 하지만 대화재는 킹 가족의 희망과 생계를 위협했다.

"아버지, 이제 그만 정신 좀 차리세요. 힘을 내서 다시 일어나야 해요. 제발!"

16세가 된 킹은 아버지를 일으켜 세우려고 했다.

"킹, 모든 것이 순식간에 잿더미가 되었어. 이제 희망도 꿈도 사라졌어. 우리에게 남은 것은 아무것도 없다고."

킹은 그런 아버지가 한없이 원망스러웠다.

"아버지, 우리 더 큰 도시로 가요. 그곳에서 다시 시작해요."

아버지는 훌쩍 큰 킹을 올려다보았다. 아들의 눈에서 금방이라도 눈물이 뚝뚝 떨어질 것 같았다. 그에게는 귀하고 귀한 아들이었다. 아들의 눈물을 보자 다시 정신이 돌아왔다.

'그래, 킹의 말대로 더 큰 도시로 가서 다시 시작하는 거야.'

아버지는 다시 일어났다. 그리고 선언했다.

"어서 짐을 싸. 당장 뉴욕으로 가자고!"

아버지는 뉴욕에서 변리사 사무실에 취직했다. 시카고에 있을 때부터 아버지는 창고에서 지낸 적이 많았다. 그곳에서 늘 무엇인가를 발명했다. 킹도 그런 아버지 곁에서 이런저런 발명품이 탄생하는 것을 지켜봤다.

어느 날, 집에 돌아온 아버지가 각종 발명품의 설계도를 거실 가득히 펼쳐놓고 연구에 몰두했다.

"아버지, 이게 다 뭐예요?"

"킹, 명심하거라. 제대로 된 발명품 하나면 우리 집안은 대대로 먹고 살 수 있단다. 너도 이리 와서 좀 보렴."

"발명품 하나면 정말 부자가 될 수 있는 거예요?"

"그렇단다. 부자뿐만 아니라 네 아들과 그 아들의 아들, 그 아들까지도 평생을 돈 걱정 없이 살 수 있단다."

순간 킹의 눈에서 빛이 났다. 열일곱 살이 된 킹은 대학 갈 형편이 아니라는 것을 알았다. 그래서 공부를 중단하고 돈을 벌기 위해 거리로 나섰다. 물건을 팔아 그 수당을 받는 세일즈맨이었다. 문전박대를 당하는 것은 보통이고 때로는 인격 모독성 발언까지 들어야 했다.

돈 없는 서러움을 몸으로 겪었다.

'세일즈맨으로 성공하기 위해서는 그 어떤 소리도 참아야 해. 이까짓 건 아무것도 아니야. 난 할 수 있어.'

킹은 여러 회사를 전전하며 주로 생활용품을 팔았다. 직장을 다녀온 후에는 아버지처럼 창고에 틀어박혀 발명에 몰두했다. 그런 날이 이어졌다.

'난 세상이 깜짝 놀랄 발명품을 만들어 돈을 많이 벌 거야.'

그 결과 작은 성과도 있었다. 35세가 될 때까지 킹은 발명품 네 가지를 완성해 특허권을 따냈다. 하지만 자신의 발명품을 제품화하겠다고 나서는 업체는 없었다.

'내가 발명한 제품들을 내 손으로 직접 제품화할 수 있다면 얼마나 좋을까? 그런 날이 올까?'

킹은 자신을 실패자로 규정했다. 그리고 사회주의 사상에 깊이 빠졌다. 마침 미국 전역에 공산주의 열풍이 불어닥치고 있었다. 킹은 부유층을 비난하며, 경쟁은 모든 악의 뿌리라고 소리 높여 외쳤다. 하지만 세상을 아무리 원망해도 그의 분노와 주장에 귀를 기울이는 사람은 없었다.

킹은 좌절 속에서 세월을 낭비하고 있을 수만은 없었다. 그에겐 꼭 이루어야 할 꿈이 있었다.

'좋아. 지금부터는 내가 늘 꿈꾸어왔던 일을 해보는 거야.'

마흔 살이 되던 해인 1895년 킹은 고향으로 돌아가 세일즈맨으로 일하기 시작했다. 그러던 어느 날 출장차 메사추세츠에 도착한 그는 한 모텔에 방을 잡고 종업원에게 부탁했다.

"아침 9시에 중요한 미팅이 있으니 8시에 꼭 깨워주세요."

킹은 침대에 눕자마자 코를 골며 잠이 들었다.

"손님, 그만 일어나세요!"

방을 두드리는 소리에 킹은 눈을 비비며 일어났다.

"손님, 빨리 일어나세요. 벌써 해가 중천에 떴어요. 아침에 중요한 미팅이 있다고 하셨잖아요."

"으응, 지금 몇 시예요?"

"8시 40분입니다. 벌써 40분째 이렇게 문을 두드리고 있는데 통 안 일어나시네요."

"뭐? 뭐라고?"

킹은 깜짝 놀라 침대에서 벌떡 일어났다.

"젠장, 중요한 프로젝트가 날아가게 생겼군."

킹은 세면대로 달려가 비누 거품을 내고 면도를 하기 시작했다.

"앗, 따가워!"

너무 서둘러서일까? 킹은 그만 면도기에 살점을 베고 말았다.

"뭐 이런 면도기가 다 있어. 면도기 하나도 제대로 못 만들다니!"

킹은 면도기를 냅다 집어던졌다. 그리고 휴지로 피 묻은 턱을 닦아 내기 시작했다. 조금 지혈을 하자 피가 멈췄다 킹은 거울을 들여다 보며 상태를 확인했다. 휴지 부스러기가 반쯤 깎인 턱에 덕지덕지 달라붙어 있었다. 그 순간 킹의 뇌리에 섬광처럼 한 가지 아이디어가 떠올랐다.

"그래, 바로 이거야!"

킹은 환호성을 질렀다.

'면도를 하다가 한두 번 살점을 베어보지 않은 사람은 없을 거야. 서둘러도 베지 않는 면도기를 개발한다면 반드시 성공할 거야. 그리고 한 번 쓰고 버릴 수 있으면 더욱 좋겠지. 지금의 면도기는 너무 무겁고 위험해. 더구나 남자라면 하루, 적어도 이틀에 한 번씩 면도를 해야 하니 지속적인 수요도 있을 거야.'

킹은 자신이 생각해낸 아이디어에 확신을 가졌다.

'언제까지 이렇게 살 순 없어. 이 아이디어를 가지고 내 상품을 만들어보는 거야.'

문제는 면도기의 재질을 어떻게 만드냐는 것이었다. 킹은 공학 박사가 아니었다. 대학 문 근처에도 가 본 적이 없었다. 단지 아마추어 발명가일 뿐이었다.

'길이 없으면 내가 만들면 돼.'

다음 날부터 킹은 MIT 공대를 찾아가기 시작했다. 세계적인 공학 교수들에게 자문을 구하기 위해서였다.

"교수님, 수염을 깎을 수 있을 정도로 날카롭고, 둔해지면 버릴 수 있을 정도의 스틸 판을 만들 수 있습니까?"

"그런 스틸 판이 있다면 내게도 알려주구려."

만나는 교수마다 그건 불가능하다고 답했다.

'아무리 유능한 박사라도 소용없구나. 내가 할 수밖에 없어.'

킹은 혼자서 연구에 몰두하기 시작했다. 시중에 파는 면도기를 다 사와서 분해하고 분석했다. 그러던 어느 날 우연히 이발소에 들렀다. 그는 무심히 손님들의 머리카락 자르는 것을 지켜보았다. 그러다 문득 이발사가 빗으로 머리카락을 누른 후 빗에서 삐쳐나온 머리카락을 자르는 것을 발견했다. 그 순간 다시 한 번 섬광이 스치고 지나갔다.

'바로, 저거야! 면도기도 저렇게 털을 눌러줘서 삐쳐나온 것을 깎으면 절대로 살을 베이지 않을 거야.'

킹은 다시 여기저기 뛰어다니기 시작했다. 덕분에 윌리엄 니커슨이라는 발명가이자 개발자를 만날 수 있었다.
 '이제 거의 다 왔어. 세상을 놀라게 할 시간이 왔다고!'
 킹은 수많은 반복과 실험을 통해 자신만의 면도기를 만들어나가기 시작했다. 연구실에 틀어박혀 끼니도 거른 채 작업에 몰두했다. 잠자는 시간도 아꼈다. 머릿속에는 오로지 면도기 생각밖에 없었다. 그렇게 5년이라는 시간이 흘렀다.
 '됐어! 바로 이거야!'
 킹은 자신이 만든 면도기를 보며 흐뭇해했다. 어느새 눈가가 촉촉해졌다. 5년의 시간이 주마등처럼 지나갔다. 킹은 이제 자신이 무엇부터 해야 하는지 알았다.
 '제조회사를 만들어야 해. 사람들에게 많이 팔기 위해서는 물건을 만들 수 있는 설비도 갖추고 직원도 고용해야겠지.'
 킹은 여기저기에서 돈을 빌려 대량 제작이 가능한 제조 회사를 설립했다. 킹의 나이는 어느덧 48세를 지나고 있었다. 그가 야심차게 준비한 새로운 안전 면도기는 1904년 드디어 시판에 들어갔다. 하지만 첫 해에 팔린 면도기는 51개, 면도날은 168개밖에 되지 않았다. 비참한 실패였다.
 킹은 좀처럼 실패 원인을 찾지 못했다.
 '제품도 좋고 다른 면도기보다 훨씬 안전한데 왜 안 팔리는 거지.'
 그때 다시 킹의 머리를 스치는 아이디어가 떠올랐다.
 '그래, 면도날을 무료로 나누어주는 거야. 공짜로 면도기를 나눠어 준다는데 싫어할 사람은 없을 거야. 내 면도기를 사용해보면 사람들

도 이 제품이 얼마나 좋은지 알겠지.'

킹의 아이디어는 서서히 효과를 발휘했다. 오늘날로 표현하자면 공짜 끼워 팔기 전략인 '프리코노믹스freeconomics'가 효과를 본 것이다. 이런 킹의 전략은 적중했다. 1904년에는 1년 만에 면도기 9만 개, 면도날 1240만 개를 판매했다. 무려 500만 달러의 판매수익을 올린 것이다.

"만세! 내가 해냈어."

그의 아내도 눈물을 흘리며 기뻐했다.

"당신이 자랑스러워요."

킹에게는 오랜 꿈이 있었다. 그건 자신이 발명한 이 면도기에 자신의 이름을 넣는 것이었다. 그래서 회사 이름을 질레트 세이프티 레이저 컴퍼니 Gillette Safety Razor Company로 개명했다.

훗날 질레트는 20세기 주요 발명품으로 선정되었다. 현재 세계 인구 65억 명 중에서 12억 명이 킹이 발명한 질레트 면도기를 사용하고 있다. 세계 인구의 3분의 1이 이 제품을 쓰고 있는 것이다.

그가 예견했던 한 번 사용하고 버리는 1회용 면도기도 불티나게 팔렸다.

킹은 1932년 무덤에 묻혔지만 그의 회사는 성장에 성장을 거듭했다. 1999년에는 코카콜라, 나이키 등과 함께 20세기를 대표하는 브랜드로 자리를 잡았다. 당시 질레트의 가치는 160억 달러였다.

질레트의 광고 중에는 원숭이가 사람에게 면도를 해주는 장면이 있다. 원숭이가 면도를 해줘도 결코 다치지 않고 안전하다는 것을 소비자들에게 보여준 명광고였다. 이 광고는 폭발적인 인기를 끌어 그해의 광고상을 수상하기도 했다.

  질레트의 신화는 자신의 일에 미쳐 살았고, 섬광처럼 스쳐 지나가는 직관의 순간을 놓치지 않은 한 사내의 집념과 열정이 만들어낸 위대한 결과물이다.

플러스 메시지

거저 얻는 것은 아무것도 없다

　모차르트는 6세에 작곡을 시작해 음악 신동이라는 말을 들었지만 걸작들은 모두 1만 시간이 지난 뒤인 21세 이후에 만들어졌다. 비틀즈는 영국 리버풀에서 별 볼 일 없는 록밴드였다. 그들은 하루 8시간씩 1년 270일을 빠짐없이 연주했다. 그렇게 1만 시간을 넘게 연주한 5년 뒤 그들은 차별화된 연주를 할 수 있었고 세계적인 록밴드로 성공했다.

　각종 대회에서 우리에게 금메달을 안겨준 '국민 여동생' 김연아는 점프에 한 번 실패할 때마다 65번씩 연습했다. 소설가 김훈은 《남한산성》을 쓰는 3년 동안 이가 6개나 빠졌다. 이 소설의 첫문장을 "꽃은 피웠다"로 할지 "꽃이 피웠다"고 할지를 놓고 3개월 동안 고민했다는 것은 유명한 일화이다. 이렇게 혼신을 다한 끝에 그의 책은 베스트셀러가 되었다.

  꿈은 자신의 미래에 투자하는 것이다. 투자란 밭에 씨를 뿌리는 일과 같다. 씨를 뿌리려면 잡초를 걷어내고 거름을 주고 정성껏 가꾸어야 한다. 잊지 말아야 할 것은 큰 수확을 이루기 위해서는 일정한 대가를 치러야 한다는 것이다. 대가 없이 이룰 수 있는 것은 이 세상에 하나도 없기 때문이다. 당신의 꿈의 여정에서 잡초는 무엇인지 파악하고, 어떤 거름을 주어야 그 꿈이 무럭무럭 자라는지 알아야 한다. 잡초가 무성한 밭에서는 아무것도 얻을 수 없다. 거저 얻는 이득은 없다.

You can't be too old to make a dream come true

"

사람들은 내 연구 성과를
흔히 행운이라고 말하지.
하지만 명심하게.
행운은 마음의 준비가 되어 있는 사람에게만
미소를 짓는 법이라는 것을 말일세.

"

레이트 블루머 ⑲ | 60세에 탄저균 백신을 개발한 루이 파스퇴르

행운은 준비된 자에게만 미소 짓는다

"여보, 세실이 이상해요! 빨리 와보세요!"

루이 파스퇴르 Louis Pasteur는 아내의 다급한 외침 소리에 황급히 딸의 방으로 달려갔다. 아내는 딸의 침대 맡에서 망연자실한 표정으로 눈물을 흘리며 앉아 있었다. 파스퇴르는 재빨리 숨을 헐떡이는 딸 곁으로 다가가 이마를 만져보았다. 손을 델 만큼 뜨거웠다. 열이 40도는 넘는 것 같았다.

"음……."

파스퇴르는 깊은 한숨을 토해냈다. 순간 눈물이 볼을 타고 흘러내렸다.

둘째 딸 세실은 몇 주일 전 심한 복통과 구토, 설사를 호소하다 얼마 후 자리에 몸져누웠다. 그리고 이내 고열에 시달리며 사경을 헤매고 있었다.

파스퇴르는 아내의 손을 잡고 조용히 말했다.

"여보, 우리 애가 이제 하느님 품으로 가려나 보오."

남편의 말에 아내는 딸의 몸을 부여잡고 흐느끼기 시작했다.

"하느님도 무심하시지. 어떻게 두 딸을 한꺼번에 데려가신단 말이에요."

부부는 얼마 전 두 살 된 딸을 잃은 터였다. 그들은 슬픔에 겨워 하염없이 눈물을 흘렸다.

당시 파스퇴르가 살던 유럽은 콜레라와 장티푸스가 창궐해 많은 사람이 목숨을 잃고 있었다. 하지만 아무도 그 무서운 전염병이 왜 생겨나는지 알지 못했다. 그저 나쁜 공기가 전염병을 옮긴다고만 생각할 뿐이었다.

'뭔가 이유가 있을 거야. 그걸 찾아내야 해.'

둘째 딸을 잃은 후 파스퇴르는 전염병의 원인을 찾아내기로 결심했다. 그는 이미 대학교수로 재직하며 '저온 살균법'을 발명한 과학자로 이름을 떨치고 있었다. '저온 살균법'은 50~60도의 열만 가해 음식물을 상하게 만드는 미생물을 없애는 획기적인 방법이었다. 이 연구 덕분에 쉽게 상하는 포도주 때문에 골머리를 앓던 농가들이 특히 큰 혜택을 보았다. 이때 파스퇴르는 자신의 포도주 연구와 관련해 유명한 말을 남겼다.

"한 병의 와인에는 세상 어떤 책보다 더 많은 철학이 담겨 있다."

저온 살균법을 개발해 프랑스 와인 산업에 일대 전기를 마련한 과학계의 거장다운 명언이 아닐 수 없다.

딸의 죽음에 자극을 받아 연구에 연구를 거듭한 파스퇴르는 마침내 두 가지 중요한 사실을 알아내는 데 성공했다.

첫째, 공기 중에는 미생물이 살고 있다.

둘째, 그 미생물 중에 질병을 퍼뜨리는 병원균이 있다.

이 연구 결과를 접한 과학계는 깜짝 놀랐다. 음식물의 부패가 공기 중의 미생물 때문에 일어난다는 것을 실험적으로 확인했기 때문이다. 그때까지 사람들은 부패는 그냥 자연적으로 일어날 뿐이라는 학설을 믿고 있었다.

이후 파스퇴르는 누에의 미립자병微粒子病과 연화병軟化病에 대한 연구를 계속해 누에알에 침입한 세균을 발견하고 제거하는 데 성공함으로써 프랑스 실크 산업 발전에 지대한 공헌을 했다.

그러던 중 47세이던 1869년 몸에 이상이 생겼다.

어느 날 갑자기 몸 반쪽이 마비되어 혼자서는 걸을 수조차 없게 된 것이다. 하루도 쉬지 않고 일에 열중한 나머지 뇌 속의 혈관이 터진 것이다. 그나마 정신이 온전한 게 다행이었다.

뇌출혈을 일으킨 파스퇴르는 좌절했다.

"아직 연구할 게 산더미 같은데……."

자신에게 이런 시련을 준 신을 원망했다. 절망이 너무도 심해 재활 같은 건 꿈도 꾸지 않았다. 일이 손에 잡힐 리 없었다. 술로 공허한 마음을 달랬다. 그러던 어느 날, 파스퇴르는 자신의 책상에 펼쳐져 있는 노트를 발견했다.

'이게 왜 여기 있지?'

뇌출혈이 일어난 직후 서랍에 처박아두었던 노트였다. 그 노트에는 자신이 그동안 수행한 연구의 과정이며 결과 그리고 앞으로 연구할 과제들이 빼곡하게 적혀 있었다. 의아한 눈으로 노트를 바라보고 있는데, 아내가 방으로 들어왔다.

"혹시 당신이 이걸……."

그러자 아내가 입가에 미소를 지으며 말했다.

"네, 제가 꺼냈어요. 그걸 보고 용기를 내시라고요. 당신이 해야 할 일이 얼마나 많은데 언제까지 이렇게 지내실 순 없잖아요."

아내의 그 말에 파스퇴르는 지금까지 살아온 삶이 주마등처럼 흘러갔다.

파스퇴르는 어려서부터 영민했다. 그림에 뛰어난 자질을 보였을 뿐만 아니라 관찰력이 아주 뛰어났다. 게다가 궁금한 것이 있으면 참지 못하고 누구에게든 물어봐서 사람들을 성가시게 하곤 했다.

'그래, 나한텐 아직 풀어야 할 의문이 너무도 많아.'

그때부터 그는 심기일전해서 다시 연구에 몰두하기 시작했다.

그즈음 프랑스에서는 건강하게 자라던 농장의 가축들이 이유를 알 수 없는 병에 걸려 죽어나가고 있었다. 다리가 퉁퉁 붓고 피를 토하며 죽는 가축들을 보는 농부들의 시름도 깊어만 갔다. 이른바 탄저병에 걸린 것이다. 탄저병은 프랑스뿐만 아니라 유럽 전체로 순식간에

번졌다.

탄저병의 치료 방법을 찾기 위해 연구에 집중하던 파스퇴르는 한 가지 생각이 떠올랐다.

'그래, 콜레라균이 들어 있는 주사를 맞고도 살아난 실험실 닭이 있었지.'

파스퇴르는 같은 방법으로 탄저균을 주사해 탄저병을 예방할 수 있을 것이라고 판단했다. 그런데 건강한 동물한테 탄저균을 주사한다고 하자 사람들은 펄쩍 뛰었다.

"그게 말이 됩니까? 그나마 살아 있는 멀쩡한 가축마저 죽일 생각이오?"

"절 믿어주세요. 분명히 효과가 있을 겁니다."

"닥치시오. 과학자라면 과학자답게 행동하란 말이오. 애꿎은 가축들만 희생양으로 삼지 말고."

하지만 파스퇴르는 뜻을 굽히지 않았다.

파스퇴르의 실험 결과는 정말 놀라웠다. 탄저균을 주사한 건강한 양은 탄저병에 걸리지 않았던 것이다. 1881년 그의 나이 60세 때의 일이다.

이런 방식으로 파스퇴르는 광견병을 비롯한 수많은 질병을 예방할 수 있는 백신을 만드는 데 성공했다. 반신불수의 몸으로 가축뿐 아니라 인류의 건강과 행복을 증진하는 데 큰 기여를 한 것이다.

파스퇴르는 대학 교수로 재직하면서 후학을 양성하는 데도 열정을 보였다.

하루는 한 학생이 물었다.

"교수님, 교수님의 성공 비결은 무엇입니까?"

파스퇴르는 불편한 몸을 책상에 의지하며 입을 열었다.

"내 성공 비결이 궁금한가? 그렇다면 자네들에게 내 성공의 비결을 털어놓지."

그러곤 학생들을 바라보며 천천히 말을 이었다.

"내 성공 비결은…… 나를 지금까지 지탱해준 끈기, 그 끈기 이외에는 없다네."

그러곤 이렇게 덧붙였다.

"사람들은 내 연구 성과를 흔히 행운이라고 말하지. 하지만 명심하게. 행운은 마음의 준비가 되어 있는 사람에게만 미소를 짓는 법이라는 것을 말일세."

그는 1886년 프랑스 정부는 물론 유럽 각국의 도움을 받아 파리에 '파스퇴르 연구소'를 설립했다. 각종 질병의 위험으로부터 인류를 구한 그의 업적이 그만큼 컸기 때문이다.

1895년 파스퇴르가 74세의 나이로 세상을 뜨자 프랑스 정부는 국장으로 장례식을 치렀고, 언론은 그의 업적을 이렇게 찬양했다.

"파스퇴르는 나폴레옹보다 큰 업적을 남겼다."

이날 장례식에서는 평생을 과학을 위해 살다 죽은 한 과학자의 죽음을 슬퍼하는 사람들이 거리를 가득 메웠고, 그의 시신은 파스퇴르 연구소 안에 마련한 묘소에 묻혔다.

그리고 훗날 파스퇴르 연구소는 B형 간염 백신을 세계 최초로 개발하고 후천성면역결핍증(AIDS) 바이러스를 찾아내는 등 세계 생명과학 발전에 크게 이바지하고 있다. 그뿐만 아니라 말라리아 연구로 유명한 샤를 루이 라브랑과 세포유전학의 권위자 프랑수아 자코브를 비롯해 8명의 노벨상 수상자를 배출했다.

플러스 메시지

호기심에서 멈추지 말고 질문하라

앨버트 아인슈타인은 이렇게 말했다.
"가장 중요한 것은 질문을 멈추지 않는 것이다. 호기심은 그 자체만으로도 존재 이유를 갖고 있다."
아인슈타인이 4세 때까지 말을 제대로 못하는 지진아였다는 사실은 잘 알려져 있다. 그런데 특이하게도 어린 아인슈타인은 끊임없이 질문을 퍼부어 주위 사람들을 귀찮게 했다. 요컨대 질문과 호기심이 훗날 위대한 과학자를 만들었다는 교훈적인 얘기다.
그런데 사람은 보통 자랄수록 점차 질문하는 걸 잊어버린다. 이는 지식이 쌓일수록 자신이 아는 게 전부인 양 생각하고 행동하는 경향이 많아지기 때문이다. 하지만 더 이상 질문하지 않을 때 우리의 정신적 성장도 멈추어버리고 만다.

아인슈타인의 말은 이렇게 이어진다.

"매일 이러한 비밀의 실타래를 한 가닥씩 푸는 것만으로도 충분하다. 신성한 호기심을 절대로 잃지 말라."

이것을 깨달은 사람은 다른 사람이 가지 않는 길을 가고, 하지 않는 일을 하려 한다. 바로 그곳에 새로운 발견이 숨어 있기 때문이다.

You can't be too old to make a dream come true

"

누구에게나 재능이 있지만
사람들은 자신의 능력을 과소평가한다.
나를 봐라. 당신도 충분히 할 수 있다.
많은 사람이 세계적 스타가 되면
그것을 성공이라고 생각한다.
하지만 나는 자기가 하고 싶은 일을 하는 것이
진정한 성공이라고 생각한다.
자기가 꿈꾸던 일을 하는 것
자체가 가장 큰 성공인 것이다.

"

레이트 블루머 ⑳ | 38세에 세계적 성악가로 성공한 폴 포츠

가슴에 꿈을 품었다면
부화할 때까지 멈추지 마라

2001년 이탈리아 베네치아에 있는 오페라 스쿨의 강의실.

10명 남짓한 남녀 학생들이 잔뜩 긴장한 표정으로 자리에 앉아 있었다. 오늘은 오페라 스쿨에서 마련한 행사가 있는 날. 바로 세계적 테너 루치아노 파바로티를 초청해 학생들의 기량을 점검하는 것이었다. 학생들 중에는 유독 눈에 띄는 28세의 폴 포츠[Paul Potts]라는 청년도 있었다. 뚱뚱한 몸매에 작은 키 그리고 커다란 얼굴에 부러진 앞니. 누가 봐도 호감 가는 인상은 아니었다.

이윽고 하얀색 셔츠에 검은색 망토를 두른 루치아노 파바로티가 강의실로 들어왔다. 학생들은 모두 자리에서 일어나 열렬한 박수로 그를

환영했다.

파바로티를 보는 순간, 폴 포츠는 숨이 막히는 것만 같았다. 자신의 우상인 영웅을 이렇게 만나게 될 줄은 꿈에도 생각해본 적이 없었기 때문이다. 파바로티는 폴 포츠에게 롤 모델이나 다름없었다. 가난과 목숨을 잃을 뻔한 비행기 사고를 극복하고 세상 모든 사람이 사랑하는 테너로 성공한 입지전적 인물이었다. 게다가 그가 과거 100킬로그램이 넘을 만큼 뚱뚱했다는 사실이 살짝 위안을 주기도 했다.

학생들이 한 명씩 자기소개를 하고 노래를 부르는 동안 파바로티는 팔짱을 낀 채 조용히 앉아 있었다. 드디어 자신의 차례가 되자 폴 포츠는 앞으로 나가 큰 소리로 말했다.

"저는 영국에서 온 폴 포츠라고 합니다."

그러자 파바로티가 그를 빤히 쳐다보며 말했다.

"음. 이곳 선생님들한테 자네 이름을 들었네. 노래를 잘 부른다더군. 어디 한 번 불러보게."

폴 포츠는 불끈 쥔 손에 땀이 찼다. 그는 다른 학생들과 달리 3개월짜리 단기 코스로 오페라 스쿨에 입학한 터였다. 물론 돈이 없었기 때문이다. 여기까지 오는 비용을 마련하느라 그동안 일해서 모은 돈을 모두 투자했다. 그나마 한 텔레비전 프로그램의 노래 경연 대회에 친구와 함께 출전해서 상금을 탄 게 큰 도움을 주었다.

폴 포츠는 약간 긴장했지만 떨지 않고 무사히 노래를 마쳤다. 그런데 말없이 듣고만 있던 파바로티가 말했다.

"한 곡 더 들을 수 있겠나?"

폴 포츠는 깜짝 놀랐다. 그건 다른 학생들도 마찬가지였다. 지금껏 파바로티 앞에서 노래를 두 곡씩 부른 학생은 없었기 때문이다. 폴 포츠는 목청을 가다듬고 아까보다 긴장한 상태에서 노래를 불렀다.

노래를 마치자 파바로티가 박수를 치며 말했다.

"역시 들은 대로군. 훌륭해. 목소리도 좋고 감정 전달도 좋아. 자넨 멋진 성악가가 될 수 있을 걸세."

폴 포츠는 감격했다. 칭찬에 인색하기로 소문난 파바로티로부터 이런 찬사를 들은 것은 기적이나 마찬가지였기 때문이다.

그날 밤 28세의 청년 폴 포츠는 자신의 영웅 파바로티에게서 들은 칭찬에 고무되어 장밋빛 미래를 꿈꾸느라 잠을 이룰 수 없었다.

'그래, 이제 정말 확실해졌어. 더 이상의 좌절은 없어. 난 반드시 세계적 오페라 가수가 되고 말 거야.'

폴 포츠는 1970년 영국 남서부 해안의 작은 마을에서 버스 운전사인 아버지와 할인점 매장의 직원인 어머니 사이에서 3남 1녀 중 둘째로 태어났다.

어려서부터 성량이 풍부해 노래 부르는 걸 좋아했다. 목소리 또한 타고나서 그의 노래를 들으면 누구나 감탄했다. 하지만 그의 유년 시절은 그다지 행복하지 못했다. 성격이 지극히 내성적인 데다 뚱뚱한 몸에 어눌한 말투와 행동 때문에 놀림을 받기 일쑤였다. 그럴 때마다 소년 폴 포츠는 노래에서 위안을 얻었다. 훗날 세계적 오페라 가수로 성공한 후 폴 포츠는 당시를 이렇게 회상했다.

"나는 항상 자신감이 없었습니다. 뭔가를 해낼 수 있다는 상상은 하지도 못했죠. 그래서 여러분에게 꼭 해주고 싶은 이야기가 있습니다. 그건 바로 자기 자신을 스스로 제약하는 장벽을 뛰어넘어야 성공할 수 있다는 것입니다."

폴 포츠는 청년이 되어서도 노래하는 걸 즐겼다. 하지만 지금은 오페라 가수가 되겠다는 꿈을 잠시 접은 채 할인점 점원으로 근근이 살아가고 있을 뿐이었다. 그렇다고 노래에 대한 열정마저 식은 것은 결코 아니었다. 그는 언제 어디서나 오페라를 들었다. 일을 할 때도, 길을 걸을 때도, 밥을 먹을 때도, 잠자리에 들어서도 음악을 놓지 않았다.

그러던 중 이탈리아에서 파바로티의 극찬을 받고 돌아온 폴 포츠는 용기백배해서 노래를 부를 수 있는 극단을 찾아 나섰다. 그가 어렵사리 구한 극단은 아마추어들로 이뤄진 작은 오페라단이었다. 아마추어인지라 보수도 없었다. 하지만 무대에 설 수 있다는 것만으로도 떨 듯이 기뻤다. 그는 할인점에서 일하면서도 연습에 열중해 극단의 인정을 받았다.

2003년 폴 포츠는 갑자기 맹장염에 걸려 병원에 입원했다. 그런데 수술을 하고 퇴원한 지 얼마 지나지 않아 이번엔 신장에 악성 종양이 생겼다. 당시 폴 포츠는 극단에서 베르디의 작품을 공연하고 있었다. 고민하던 그는 수술을 미루고 공연을 마쳤다.

악성 종양을 제거한 후에는 자전거를 타고 가다 교통사고를 당했다. 이 사고로 쇄골을 다쳐 2년 동안 아무 일도 할 수 없었다.

'아, 나에게 왜 자꾸 이런 시련이 닥치는 걸까? 대체 내가 뭘 잘못했

다고.'

 좌절한 폴 포츠는 하루하루를 힘겹게 보냈다. 오페라 가수에 대한 꿈도 저만치 달아났다. 그런데 바로 그때 어려서부터 알고 지내던 줄리엔을 만났다. 줄리엔은 사람들에게 놀림만 받는 폴 포츠를 언제나 따뜻하게 대해주던 마음씨 좋은 친구였다. 더욱이 폴 포츠의 노래를 너무 좋아해 반드시 훌륭한 성악가가 될 거라고 격려해주곤 했었다.

 사랑에 빠진 두 사람은 조촐한 결혼식을 올리고 부부가 되었다. 그는 이제 외톨이가 아니었다. 그의 곁엔 사랑하는 아내가 있었다. 하지만 사랑만으론 살 수 없는 법. 경제적 어려움이 더해지자 폴 포츠는 할인점을 그만두고 휴대폰 외판원으로 취직했다. 물론 그러면서도 극단에서 노래를 계속 불렀다.

 그러던 어느 날, 아내가 말했다.

 "폴, 당신한테 가장 중요한 게 뭐야?"

 순간 그는 얼굴이 벌게져서 아무 말도 하지 못했다. 그가 머뭇거리자 아내가 말했다.

 "당신 꿈은 노래잖아. 오페라 가수 말이야."

 "알아. 그런데 갑자기 왜 그런 질문을……."

 "혹시 당신이 꿈을 잊은 건 아닌가 싶어서."

 사실 폴 포츠는 그즈음 결혼생활에 대한 책임감 때문에 점차 노래에서 멀어지고 있었다. 그걸 알아차린 아내가 다시금 그의 꿈을 일깨워준 것이다. 이때 일과 관련해 훗날 폴 포츠는 이렇게 말했다.

 "꿈을 이루기 위해서는 끈기와 결단력, 적응력 그리고 성공 후 교만

하지 않기 위한 주변 사람의 지지가 가장 중요합니다. 저에겐 그 사람이 바로 아내였습니다."

이때부터 폴 포츠는 마음을 다잡고 틈만 나면 노래 연습을 했다.

그러던 중 2007년 일생일대의 기회가 찾아왔다. 영국 ITV1에서 주최하는 '브리튼즈 갓 탤런트'라는 오디션 프로그램에 참가하기로 결심한 것이다.

오디션 예선이 있는 날, 버스를 타고 방송국으로 간 폴 포츠는 허름한 양복 차림으로 무대에 섰다. 사람들이 형편없는 외모를 가진 그에게 별다른 신경을 쓰지 않은 건 당연했다. 그는 애절한 목소리로 푸치니의 〈투란도트〉에 나오는 아리아 〈공주는 잠 못 이루고〉를 불렀다. 몇 년 전 이탈리아에서 파바로티의 극찬을 받았던 바로 그 노래였다. 그런데 노래가 끝나자 모두가 자리에서 일어나 박수를 치기 시작했다. 그뿐만 아니라 그가 노래하는 영상이 유튜브에서 무려 1억 건 넘는 조회수를 기록하며 센세이션을 일으켰다.

일약 화제의 인물이 된 폴 포츠는 그해 6월 17일 결선에서 다시 한 번 〈공주는 잠 못 이루고〉를 불러 당당히 우승을 차지했다. 그의 나이 38세 때 드디어 꿈에 그리던 오페라 가수로 우뚝 선 것이다.

이후 그가 발매한 1집 앨범 〈원 챈스〉One Chance는 전 세계적으로 500만 장 이상이 팔려 밀리언셀러가 되었으며, 그의 성공 얘기를 담은 동명의 영화 또한 많은 사랑을 받았다.

"누구에게나 재능이 있지만 사람들은 자신의 능력을 과소평가한다. 나를 봐라. 당신도 충분히 할 수 있다. 많은 사람이 세계적 스타가 되면 그것을 성공이라고 생각한다. 하지만 나는 자기가 하고 싶은 일을 하는 것이 진정한 성공이라고 생각한다. 자기가 꿈꾸던 일을 하는 것 자체가 가장 큰 성공인 것이다."

폴 포츠는 지금도 자신이 지닌 천상의 목소리로 많은 사람들에게 용기와 꿈을 심어주고 있다.

플러스 메시지

실패하는 것을 두려워하지 말라

전설적인 농구선수 마이클 조던은 이렇게 말했다.
"나는 내 농구 인생에서 9000번 넘게 슛에 실패했고 300번가량 게임에 졌다. 그중 26번은 마지막 회심의 역전 슛이 실패해서 진 것이다. 이처럼 내 삶은 실패의 연속이었다. 바로 이것이 내가 성공한 이유다."

우리는 '인생역전의 주인공'이라는 말을 자주 한다. 그런데 이런 사람들의 인생을 자세히 들여다보면 그렇게 녹록하지만은 않았다는 것을 쉽게 알 수 있다. 결코 운이 좋아 성공한 것은 아니라는 얘기다. 폴 포츠 또한 마찬가지였다. 지독한 연습과 갈망이 없었다면 모든 이의 사랑을 받는 오페라 가수로 성공하지 못했을 것이다.

좌절을 딛고 일어선 사람들에겐 남다른 뭔가가 분명 있다. 남들처럼 실수를 하고 시행착오 또는 잘못을 저지르기도 한다. 그러나 성공한 사람들은 거기서 주저앉거나 두려움에 젖어 방황하지 않는다. 설령 방황하더라도 금세 기운을 차리고 일어선다. 그러곤 실수와 잘못을 거울삼아 끊임없이 도전한다. 실패 없는 성공은 없고, 잘못 없는 성공도 없다.

You can't be too old to make a dream come true

"

타성에 젖어 일하는 것은 최악이다.
자신의 일에 적극성 없이 종사하는 것은
비굴한 자세이다. 그런 타성은 하루빨리 버려야 한다.
뜻을 세우는 데 너무 늦은 일은 결코 없다.

"

레이트 블루머 ㉑ | 43세에 정치에 입문한 영국 총리 스탠리 볼드윈

뜻을 세우는 데
결코 늦은 일은 없다

영국의 총리이자 세계 정계의 거물로 활약한 스탠리 볼드윈^{Stanley Baldwin}은 부호의 아들로 태어났다. 케임브리지 대학교 트리니티 칼리지를 졸업한 뒤에는 아버지가 경영하는 볼드윈 철강 회사에 입사하고, 곧 중역이 되었다.

"나도 스탠리처럼 금 숟가락을 물고 태어났어야 하는데."

"평생을 써도 남을 돈에 권력도 있다니 스탠리는 진정한 행운아야. 복도 많은 녀석."

친구들과 주위 사람들은 부러움과 시기로 볼드윈을 대했다. 임원에서 부사장으로 승진한 그가 사장이 되는 것은 시간 문제였다. 이렇게

차근차근 경영 수업을 받고 있던 볼드원에게 청천벽력 같은 소식이 전해졌다. 국회의원을 하던 아버지가 갑자기 사망한 것이다. 그때 볼드원의 나이 마흔이었다.

아버지는 볼드원의 전부였다. 가장 사랑하고 존경하는 사람이자 그의 인생에서 가장 든든한 후원자이기도 했다. 볼드원은 갑부인 아버지가 굳이 해도 되지 않을 정치에 뛰어든 이유를 알고 있었다.

'아버지는 모두가 잘살 수 있는 세상, 좀 더 좋은 세상을 위해 국회에 들어갔어. 철강 회사를 운영하면서 마음 편히 살 수도 있었는데 국가에 봉사하기로 다짐한 거야.'

스탠리는 며칠을 고민한 끝에 자신의 뜻을 가족에게 전했다.

"오늘부터 저는 아버지 뒤를 이어 정치를 하겠습니다. 국회의원이 되어 아버지가 못다 이룬 꿈을 이루겠습니다. 그게 아무래도 제가 가야 할 길인 것 같습니다."

가족은 모두 반대했다. 하지만 빅토리아 시대의 유령 이야기로 인기를 얻은 작가이자 시인인 볼드원의 어머니 루이자 볼드원은 그런 아들의 마음을 잘 알고 있었다.

"네가 하고자 한다면 반대는 하지 않으마. 그래도 항상 겸손하고, 겸손하거라."

문제는 친구들이었다. 특히 그를 오랫동안 지켜본 친구들이 적극 반대하고 나섰다. 위험을 감수할 필요도 없고 정치를 하기에는 너무 나이가 많다는 이유였다.

어느 날 한 친구가 볼드원에게 말했다.

"정치에 입문하기엔 자네 나이가 너무 많네. 생각해보게나. 우리 또래 정치가들은 이미 오래전부터 장차관이나 총리 자리를 노리며 차근차근 준비해왔네. 하지만 자네는 아무런 정치적 배경도 후원자도 없네. 더구나 자넨 마흔둘이지 않은가."

볼드윈은 웃으며 대답했다.

"자네 말에도 일리가 있네. 하지만 뜻을 세우는 데 늦은 나이는 없다고 생각하네. 다행히 아버지가 유산을 약간 남겨주셔서 먹고살 걱정은 없네. 앞으로 영국을 위해 일해보고 싶네."

"그래도 자네에겐 정치판이 어울리지 않아. 정치꾼들에게 괜히 이용만 당하다가 자네 이미지만 버릴 걸세."

"내 한 몸 바쳐 나라와 국민을 위해 일하고 싶을 뿐이라네. 충고는 고맙지만 뜻을 세우는 데 자네도 좀 도와주게나."

"허허, 이 사람. 고집은."

결국 볼드윈은 1908년 보수당 소속으로 하원의원에 당선되었다. 그리고 애초 결심대로 개인의 이득이 아닌 국가와 국민을 위해 혼신을 다했다. 볼드윈의 저의를 의심했던 동료 의원들도 하나둘씩 그의 진심에 감화되었다.

"정치를 하다 보면 어쩔 수 없이 중상모략을 당하는 일이 많다는 사실을 몸소 느끼게 된다. 그러나 절대 불평하지도, 구구절절 설명하지도 말아야 한다."

이런 신조를 갖고 있던 볼드윈은 정치력을 인정받아 어느새 보수당 총재가 되었다. 그리고 상무상, 재무상을 거쳐 영국 총리가 되었다. 이후 1923년부터 1937년까지 무려 세 번이나 영국 총리가 되는 유일한 기록을 세웠다. 우리가 잘 알고 있는 처칠은 스탠리 볼드윈 총리 내각에서 서열 2위인 재무장관까지 올라갔다. 볼드윈이 처칠을 중용한 것은 지극히 이례적인 일이었다. 한때 보수당원이었던 처칠은 당시 자유당원이었기 때문이다.

"처칠은 당적을 바꾼 배신자입니다. 그를 재무장관에 앉혀서는 안 됩니다. 임명을 철회해주세요."

"내 대답을 듣고 싶다면 '노'입니다."

수많은 당원이 임명 철회를 요구했지만 임명권을 가지고 있던 스탠리 볼드윈은 꿈쩍도 하지 않았다.

"나라를 위한 일이라면 반대파라도 포용할 줄 알아야 하는 게 정치인입니다. 더구나 처칠은 훌륭한 정치가입니다."

스탠리 볼드윈이 처음부터 처칠을 좋아한 건 아니었다. 처칠이 볼드윈을 너무나 시원치 않은 사람으로 생각해서 "볼드윈은 차라리 태어나지 않는 것이 좋을 뻔했다"고 독설을 날렸을 때 볼드윈은 동료 의원에게 "윈스턴이 태어났을 때 여러 명의 요정이 상상력, 웅변, 근면, 능력 등의 선물을 가지고 그의 요람에서 내려왔다. 그때 한 요정이 '한 사람에게 그렇게 많은 재주를 주면 안 돼'라고 말하더니 아기 윈스턴을 들어 올려 한 번 흔들고 꼬집어 그에게서 지혜와 판단력을 거두어 갔다. 이런 까닭에 우리는 그의 연설을 즐거운 마음으로 듣지만 정작 그 의견을 채택하지는 않는 것이다"라는 말로 되받았다. 하지만 어느 날 처칠과 3시간에 걸쳐 이야기를 나누고 난 뒤 "나는 아주 행복한 사람이 되어 다우닝 거리로 걸어 나왔다"고 말한 일화는 유명하다.

  스탠리 볼드윈은 타성에 젖지 않도록 노력했다. 그래서 하루하루를 낭비하지 않고 최선을 다해 살았다. 그는 후세에 이런 말을 남겼다.

  "타성에 젖어 일하는 것은 최악이다. 자신의 일에 적극성 없이 종사하는 것은 비굴한 자세이다. 그런 타성은 하루빨리 버려야 한다. 뜻을 세우는 데 너무 늦은 일은 결코 없다."

플러스 메시지

청춘은 어떤 기간이 아니라 마음가짐이다

청춘이란 인생의 어떤 기간이 아니라 마음가짐이라네.
장밋빛 뺨, 붉은 입술, 유연한 무릎이 아니라
늠름한 의지, 빼어난 상상력, 불타는 정열,
삶의 깊은 데서 솟아나는 샘물의 신선함이라네.

청춘은 겁 없는 용기, 안이함을 뿌리치는 모험심이라네.
때론 스무 살 청년이 아닌 예순 살 노인에게서 청춘을 보듯
나이를 먹어서 늙는 것이 아니라 이상을 잃어서 늙어간다네.

새뮤얼 울먼이 쓴 〈청춘〉이라는 시의 앞부분이다. 그는 이 시에서

나이를 더해가는 것만으로 사람은 늙지 않으며, 이상을 잃어 버릴 때 비로소 늙는 것이라고 노래했다. 그리고 때로는 스무 살 청년보다 예순 살 노인이 더 청춘일 수도 있다고 했다.

  인생에서 무엇을 하기에 너무 늦은 나이란 없다. 자신이 이루고 싶은 꿈과 목표만 있다면 나이쯤은 대수롭지 않다. 나이가 많다는 핑계를 대고 자신의 꿈을 접어두고 있는 사람이 있다면 지금 당장 시작하라. 꿈을 이루기에 너무 늦은 나이란 없다. 당신이 나이를 핑계로 꿈을 차일피일 미루면 꿈은 이루어지지 않고 평생 당신 뒤에서만 머무를 것이다.

You can't be too old to make a dream come true

"

나는 제 나이가 백한 살이라고 말하고 싶지 않습니다.
다만 101년을 살아온 만큼 성숙하다고 할 수 있겠지요.
저는 예순, 일흔, 여든 혹은 아흔 살 먹은 분들께
말씀드리고 싶습니다. 아직 인생의 말년은 아니라고 말입니다.
몇 년이나 더 살 수 있을지 생각하지 말고,
어떤 일을 더 할 수 있을지 생각해보라고 말입니다.

"

레이트 블루머 ㉒ | 76세에 그림을 시작한 '미국의 샤갈' 해리 리버먼

가장 큰 어리석음은
도전 없는 삶이다

1977년 11월, 로스앤젤레스의 한 미술 전시관.

백발의 호리호리한 키에 얼굴에는 깊은 주름이 패여 있고 턱수염을 길게 기른 한 노인이 사람들 앞에 꼿꼿한 자세로 서 있었다. 나이를 가늠할 수 없는 맑게 빛나는 눈이며 따뜻한 미소에서 깊이를 알 수 없는 지혜가 엿보였다. 얼핏 랍비를 연상케 하는 평온하고 지혜로운 모습이었다.

이날은 노인의 그림 전시회 개막식이 있는 날이었다.

"보잘것없는 제 전시회를 이렇게 찾아주셔서 감사합니다."

노인이 또랑또랑한 목소리로 말했다.

사람들의 박수 소리에 이어 한 신문기자가 물었다.

"스물두 번째 전시회를 갖는 소감이 어떠신지요?"

"글쎄요. 저한테도 이런 일이 생겼다는 게 그저 영광스러울 뿐입니다. 모든 분께 고맙고 또 고마울 따름입니다."

모여 있는 사람들 중에는 일반 관람객은 물론 신문기자와 평론가 그리고 그림 수집가들도 많았다.

"평론가들은 선생님을 '원시原始의 눈을 가진 미국의 샤갈'이라고 부릅니다. 평론가들의 이런 평가에 만족하십니까?"

실제로 노인의 그림은 샤갈처럼 화풍이 원색적이고 화려할 뿐만 아니라 어딘지 모르게 몽상적인 분위기를 풍겼다. 게다가 기독교적인 색채도 짙었다.

"샤갈이라뇨? 제 작품을 감히 어떻게 샤갈에 비하겠습니까? 다만 이런 말씀은 드릴 수 있습니다. 제 작품에 드러나는 영감의 원천은 샤갈과 비슷합니다. 그리고 샤갈은 제가 존경하는 스승과도 같습니다. 비록 제가 샤갈보다 나이가 몇 살 많긴 하지만요."

"선생님은 올해로 백한 살이 되셨습니다. 결코 적은 연세가 아닌데, 앞으로도 계속 그림을 그릴 생각이신지요?"

노인은 입가에 미소를 지으며 대답했다.

"당연히 그려야지요. 저는 제 나이가 백한 살이라고 말하고 싶지 않습니다. 다만 101년을 살아온 만큼 누구보다 성숙하다고 할 수 있겠지요. 저는 예순, 일흔, 여든 혹은 아흔 살 먹은 분들께 말씀드리고 싶습니다. 아직 인생의 말년은 아니라고 말입니다. 몇 년이나 더 살 수 있을지 생각하지 말고, 어떤 일을 더 할 수 있을지 생각해보라고 말입니다."

노인은 터지는 카메라 플래시에 눈을 몇 번 깜박이고 말을 이었다.

"여러분도 알다시피 제가 처음 그림을 그리기 시작한 건 76세 때였고, 본격적으로 그림 수업을 받은 건 81세 때였습니다. 요양원에서 체스나 두며 소일하던 때였죠. 하지만 그런 저에게도 기회가 찾아왔고, 저는 그 기회를 놓치지 않았습니다. 저는 지금 제 성공담을 말하려는 게 아닙니다. 다만 뭔가를 시작하기에 늦은 나이는 없다는 것을 말씀드리고 싶을 뿐입니다. 무언가 할 일이 있다는 것, 그게 바로 삶입니다."

노인의 전시회는 성황리에 끝났다. 거의 모든 그림이 평론가와 수집가들의 뜨거운 관심을 받았고 비싼 가격에 팔린 것은 물론이다.

'미국의 샤갈'이라고 일컫는 해리 리버먼Harry Jieberman은 1880년 폴란드에서 가난한 유대인의 아들로 태어났다.

당시 프로이센의 지배를 받던 폴란드는 주권이 없는 식민지나 다름없었다. 더욱이 낙후된 경제로 인해 실업자가 넘쳐났다. 제대로 된 교육도 받지 못한 채 청년기에 접어든 리버먼은 마땅한 직장을 찾을 수 없어 온갖 막노동으로 생계를 유지했다. 한때 랍비인 삼촌으로부터 수업을 받기도 했는데, 왠지 자신과는 맞는 것 같지 않아 일찌감치 랍비의 길을 포기한 터였다.

뭔가 돌파구를 찾아야 했다. 그러나 딱히 배운 기술도 없는 데다 유대인이라는 태생적 한계 때문에 차별을 감수해야만 했다. 수없이 많은 유대인들이 이런 가난과 차별을 피해 이른바 '아메리칸드림'을 꿈꾸며 미국으로 이민을 떠났다. 당시 그들에게 미국은 '약속의 땅'이었다.

1909년 29세 되던 해에 리버먼은 마침내 미국행을 결심했다. 아버지는 미국으로 가겠다는 아들의 결심을 흔쾌히 받아들였다.

"그래, 잘 생각했다. 어차피 여기서 랍비가 못 될 바엔 네 살 길을 찾아야지."

하지만 어머니는 자식과 헤어진다는 슬픔에 연신 눈물을 흘렸다.

"어머니, 걱정 마세요. 반드시 성공해서 돌아올게요. 그때까지 건강하셔야 해요."

그러나 폴란드는 러시아 혁명의 여파로 갈등이 심화되어 그러잖아도 궁핍한 삶이 갈수록 피폐해지고 있었다. 당연히 미국으로 가는 게 쉬운 일은 아니었다. 게다가 수중엔 돈 한 푼 없었다.

리버먼은 여행 자금을 모으기 위해 하는 수 없이 친구와 친척에게 손을 벌렸다. 그러나 그들도 먹고살기 힘든 건 마찬가지였다. 겨우겨우 모은 돈을 합쳐봐야 미국 돈으로 6달러에 불과했다. 더 많은 돈을 모을 가망이 없다고 판단한 리버먼은 무작정 미국으로 가는 화물선에 올랐다.

리버먼은 근 1개월에 걸친 항해 끝에 겨우 뉴욕에 도착했다. 배가 풍랑을 만날 때마다 몇 날 며칠씩 항구에 머물고, 예정에도 없는 항로를 따라 돌며 화물과 승객을 태우곤 했기 때문이다.

'여기에서 새로운 삶을 개척해 보는 거야.'

리버먼은 할렘가의 유대인 거주 지역에 짐을 풀었다. 옷은 해질 대로 해지고 제대로 먹지도 못한 데다 씻지도 못해 몰골이 말이 아니었다. 거지꼴이 따로 없었다.

하지만 영어라곤 한마디도 할 수 없어 일을 찾기가 쉽지 않았다. 다행히 폴란드 출신이 운영하는 가게에 취직해 현금 출납원으로 일을 하기 시작했다. 그 후 하역 작업장, 식당 주방, 양복점 일 등을 전전하며 힘겨운 삶을 살았다. 그러는 동안 사랑하는 여인을 만나 결혼을 하고 자식도 낳았다.

몇 년 후 그동안 열심히 일해 모은 돈으로 리버먼은 맨해튼의 로어 이스트사이드에 과자 도매상을 열었다. 유대인 특유의 검약정신과 사업 수완 덕분에 가게는 날로 번창했다. 나중에는 직접 과자 공장을 차릴 정도로 성공했다.

그렇게 사업에 열중하다 보니 어느덧 일흔이 훌쩍 넘어 은퇴할 나이가 되었다. 리버먼은 모든 사업을 자식에게 물려주고 노인복지관에서 운영하는 노인 대학에 다니기 시작했다.

하루는 매일같이 두던 체스 상대가 나타나지 않아 무료한 시간을 보내고 있었다. 그때 노인 대학 봉사자 한 명이 다가오더니 리버먼에게 말했다.

"어르신, 오늘은 그분이 못 오실 것 같네요. 대신 화실에 가서 그림을 그려보는 건 어떨까요?"

그러자 리버먼은 손사래를 치며 말했다.

"난 괜찮소. 이 나이에 어떻게 평생 한 번도 잡아보지 못한 붓을 잡겠소."

실제로 리버먼은 자신이 그림을 그리는 상상을 전혀 해본 적이 없었다.

"그건 걱정하지 마세요. 그냥 취미 삼아 배우는 것이니까요. 못 그린다고 누가 뭐랄 사람도 없고요."

"그래도…."

"괜찮다니까요."

리버먼은 체스 상대가 없어 무료하던 터라 별 생각 없이 봉사자를 따라 화실로 들어갔다. 리버먼의 나이 76세 때의 일이다.

하지만 그림 그리는 일은 만만치 않았다. 무엇보다 붓을 잡은 손이 떨려 붓칠을 제대로 할 수 없었다. 그래도 그림에는 뭔가 리버먼을 끌어당기는 매력이 있었다. 게다가 주위 사람들도 모두 그의 그림을 좋아했다.

"좋은 그림이네요. 계속 그려보세요."

그렇게 5년이 흘러 81세 되던 해 리버먼은 본격적으로 그림 공부를 하기 시작해 10주간의 교육 과정을 마쳤다. 그리고 이때부터 자신도 몰랐던 놀라운 재능을 펼치기 시작했다. 누구도 여든이 가깝도록 붓 한 번 잡아본 적 없는 사람이 그린 그림이라고 생각하지 못할 정도였다.

평론가들은 리버먼의 천재성에 놀라움을 금치 못했고, 언론에서도 감동적인 그의 이력을 다루기 시작했다. 곧이어 곳곳의 미술관에서 그의 그림을 전시하겠다는 제의가 쇄도했다.

  이후 그는 101세 때까지 스물두 번의 전시회를 열고 103세로 세상을 뜰 때까지 붓을 놓지 않았다. 미국인이 가장 사랑하고 자부심을 갖는 화가로 남은 것은 물론이다.

플러스 메시지

꿈을 이루기 위해서는 시간을 낭비하지 말라

　미국 지폐 100달러의 주인공인 벤저민 프랭클린은 살아생전 시간 관리를 중요시했으며 자기만의 시간 관리 철학을 지니고 있었다. "오늘 할 수 있는 일을 내일로 미루지 말라"는 유명한 명언을 남겼을 정도로 1분 1초의 시간도 허비하지 않았다. 그는 자신의 저서에서 이렇게 썼다.

　당신의 인생을 사랑하십니까?
　그렇다면 시간을 낭비하지 마십시오.
　인생이라는 것은 오직 시간으로 이루어져 있습니다.
　세월이 흐른 뒤 보면 어떤 사람은 뛰어나고

어떤 사람은 낙오자가 되어 있습니다.
이 두 사람의 거리는 좀처럼 접근할 수 없습니다.
이것은 하루하루 주어진 시간을 잘 이용했느냐
이용하지 않고 허송세월을 보냈느냐에 달려 있습니다.

  꿈을 이루기 위해서는 1분 1초라도 낭비하지 않는 철저한 시간 관리와 성실함이라는 무기가 있어야 한다. 시간은 돈보다 더 중요하다고 생각하는 사람이 꿈을 이룬다.

꿈을 이루기에
너무 늦은 나이란 없다

1판 1쇄 인쇄 2014년 12월 17일
1판 1쇄 발행 2014년 12월 24일

지은이 이형진
발행인 허윤형
펴낸곳 황소북스
주소 서울 마포구 동교동 파라다이스텔 506호
전화 02 334 0173 **팩스** 02 334 0174
홈페이지 www.hwangsobooks.co.kr
블로그 http://blog.naver.com/hwangsobooks
커뮤니티 http://cafe.naver.com/hwangsobooks
트위터 @hwangsobooks
등록 2009년 3월 20일(신고번호 제 313-2009-54호)

ISBN 978-89-97092-27-7(13320)

ⓒ 2014 이형진

* 이 책은 황소북스가 저작권자와의 계약에 따라 발행한 것이므로
  본사의 서면 허락 없이는 어떠한 형태나 수단으로도 이 책의 내용을 이용하지 못합니다.
* 잘못된 책은 구입하신 서점에서 바꾸어 드립니다.
* 책값은 뒤표지에 있습니다.

지금 당신의 나이는
꿈을 꾸기에 늦은 나이라고 생각하십니까?

꿈과 행복을 응원하는 황소북스의 자기계발서

언품(言品)
이기주(전 대통령 스피치 라이터) 지음 | 256쪽 | 값 13,800원

적도 내 편으로 만드는 리더들의 25가지 대화법
말을 의미하는 한자 '언(言)'에는 묘한 뜻이 숨어 있다. 두 번(二) 생각한 뒤에 입(口)을 열어야 비로소 말(言)이 된다는 것이다. 사람에게는 인품이 있듯 말에도 품격이 있다. 그게 바로 이 책의 제목이기도 한 '언품(言品)'의 의미이자 이 책이 말하고자 하는 핵심어다.

적도 내 편으로 만드는 대화법
이기주(전 대통령 스피치 라이터) 지음 | 256쪽 | 값 12,800원

다투지 않고 상대의 마음을 얻는 49가지 대화의 기술
백 명의 친구를 사귀는 것보다 한 명의 적을 만들지 마라. 우리는 부모, 자식, 동료, 상사, 부하, 고객, 친구 등 헤아릴 수 없는 관계들로 둘러싸여 있다. 이 책은 사람들과 새로운 관계를 맺고, 오랫동안 좋은 관계로 유지할 때 꼭 필요한 대화의 방법과 요령에 대해 알려줄 것이다.

새우잠을 자더라도 고래꿈을 꾸어라
김선재 지음 | 224쪽 | 값 13,800원 문화체육관광부 우수교양도서

꿈을 향해 달려가는 이에게 전하는 49가지 감동 메시지
당신의 꿈의 크기가 바로 당신 인생의 크기이다. 이 책의 메시지는 단순하다. 꿈을 가지되 되도록 크게 가지라는 것이다. 크고 원대한 꿈은 생각도 행동도 크게 만든다. 꿈이 크면 그만큼 크게 될 수 있는 확률이 높다. 작은 꿈을 가슴에 품지 마라. 고래는 결코 어항 속에서 살 수 없다.

내가 꿈을 이루면 나는 누군가의 꿈이 된다
이도준 지음 | 224쪽 | 값 13,800원 문화체육관광부 우수교양도서

꿈을 잊고 살아가는 2030 세대에게 전하는 메시지
이 책의 메시지는 단순하다. 꿈을 이루기 위해 앞만 보고 달려가기보다는 누군가의 꿈이 되기 위해 '꿈'을 꾸라는 것이다. 존 고다드, 스티브 잡스, 워런 버핏, 헤르만 헤세, 로맹 롤랑 등 자신의 꿈을 향해 달려가 마침내 꿈을 이룬 사람들의 감동적인 인생 이야기를 담았다.

황소북스의 책을 만나면 인생이 즐거워집니다

생각대로 살지 않으면 사는 대로 생각하게 된다 1
은지성 지음 | 232쪽 | 값 13,800원 네이버 '오늘의 책' 선정도서
생각대로 살 것인가, 사는 대로 생각할 것인가?
불우한 환경 속에서도 역경과 고난을 이겨내고 자신만의 삶을 일군 사람들의 가슴 젖은 인생 이야기. 사는 대로 생각한 것이 아니라 자신의 생각대로 꿈과 목표를 향해 달려가 마침내 그 꿈을 이룬 사람들의 이야기를 통해 실의에 찬 현대인에게 삶과 오늘의 진정한 의미를 묻는다.

생각대로 살지 않으면 사는 대로 생각하게 된다 2
은지성 지음 | 232쪽 | 값 13,800원
생각을 바꾸면 행동이 변한다. 행동을 바꾸면 인생이 변한다
전작『생각대로 살지 않으면 사는 대로 생각하게 된다』에 이은 두 번째 이야기. 어려운 환경과 역경 속에서도 신념과 의지를 잃지 않고 자신이 세운 목표를 향해 달려가 마침내 꿈을 이룬 이들의 감동적인 인생 이야기가 펼쳐진다.

생각대로 살지 않으면 사는 대로 생각하게 된다 3
은지성, 이형진 지음 | 232쪽 | 값 13,800원
한 사람의 생각이 세상을 바꾼다. 남과 다르게 생각하고 다르게 행동하라
전작『생각대로 살지 않으면 사는 대로 생각하게 된다』에 이은 세 번째 이야기. 상상할 수도 없는 삶의 고통과 좌절 속에서 결코 굴하지 않고 꿈을 이룬 사람들의 이야기. 한 사람의 생각이 어떻게 세상을 바꾸고 변화시키는지 경험하게 해준다.

훔쳐라: 원하는 것을 내 것으로 만드는 법
이도준 지음 | 232쪽 | 값 13,500원
유능한 창조자는 모방하고 위대한 창조자는 훔친다
이 책은 처칠, 샤넬, 유재석, 앤더슨 쿠퍼, 힐러리, 안정환, 서머셋 모옴 등 위대한 인물들의 생활과 일화 등을 통해 꿈을 만드는 방법, 질문력, 정리정돈, 자신감, 유머, 근검절약, 설득력, 창조력, 부지런함, 자기 확신, 배려심 등 무형의 자산을 훔칠 기회를 제공한다.

미국의 한국 부자들
송승우 지음 | 264쪽 | 값 13,800원

미국에서 부를 이룬 코리안 GOOD RICH 10인의 백만불짜리 성공학
미국에서 부자가 된 토종 한국인의 성공과 인생 역정을 담은 책. 바이오 회사의 미국 법인장으로 근무하고 있는 저자가 10명의 한국 부자에게 직접 들은 노하우와 부자 되기 비결을 알려준다. 취재와 집필 기간을 비롯해 2년 남짓 걸려 완성한 역작.

직관: 내 안에 숨은 1%를 깨우는 마법의 힘
은지성 지음 | 224쪽 | 값 13,500원

생각대로 살지 않으면 사는 대로 생각하게 된다
"당신의 마음과 직관을 따를 용기를 가져라"는 말을 남긴 스티브 잡스에서부터 아인슈타인, 레이 크록, 에디슨, 리처드 브랜슨, 링컨, 찰리 채플린, 이작 펄만 등 자신의 직관대로 산 위인들의 가슴 찡하고 감동적인 이야기가 실려 있다.

맥도날드 사람들
폴 퍼셀라 지음 | 장세현 옮김 | 320쪽 | 값 15,000원

전 세계 120개국 31000개의 매장을 거느린 맥도날드의 7가지 성공원칙
맥도날드 창업자 레이 크록부터 현 CEO인 짐 스키너까지 8명의 최고경영자들을 비롯한 주요 임원, 매장 운영자 및 원료 공급업자 등 수십 명을 인터뷰한 내용을 바탕으로 맥도날드를 세계 최고의 브랜드로 만든 비밀을 밝히려는 시도를 담은 책.

성공은 쓰레기통 속에 있다
레이 크록 지음 | 장세현 옮김 | 320쪽 | 값 15,000원

맥도날드 창업자 레이 크록의 자서전
자그마한 도시의 일개 레스토랑에 불과하던 맥도날드를 오늘날의 세계적 기업으로 성장시키고, 나아가 프랜차이즈 업계의 혁명을 일으켜 하나의 산업을 창조해낸 레이 크록이 직접 들려주는 놀라운 인생 이야기가 담겨져 있다.